Roger Bittel

Petrus - Geschichte einer Jüngerschaft

Roger Bittel

Petrus - Geschichte einer Jüngerschaft

Spiritualität der Nachfolge

Fromm Verlag

Impressum / Imprint
Bibliografische Information der Deutschen Nationalbibliothek: Die Deutsche Nationalbibliothek verzeichnet diese Publikation in der Deutschen Nationalbibliografie; detaillierte bibliografische Daten sind im Internet über http://dnb.d-nb.de abrufbar.

Bibliographic information published by the Deutsche Nationalbibliothek: The Deutsche Nationalbibliothek lists this publication in the Deutsche Nationalbibliografie; detailed bibliographic data are available in the Internet at http://dnb.d-nb.de.

Verlag / Publisher:
Fromm Verlag
ist ein Imprint der / is a trademark of
AV Akademikerverlag GmbH & Co. KG
Heinrich-Böcking-Str. 6-8, 66121 Saarbrücken, Deutschland / Germany
Email: info@frommverlag.de

Herstellung: siehe letzte Seite /
Printed at: see last page
ISBN: 978-3-8416-0380-7

Petrus - Geschichte einer Jüngerschaft

Vorwort

Diese kleine „Geschichte einer Jüngerschaft“ wurde in den Bibelstunden in Radio Maria der Deutschschweiz, jeweils jeden zweiten Dienstag, in elf Sendungen vorgetragen.

Am Beispiel der Apostel, insbesondere des Petrus, wurde versucht, der Frage, was die Nachfolge Christi auch heute bedeuten kann, nachzugehen. Es sollten gleichsam mit den Augen des Petrus die Ereignisse um und mit Jesus betrachtet werden.

Das Büchlein versteht sich auch als Dank an Radio Maria für die Möglichkeit, diese Herausforderung ergreifen zu können. Es war eine Herausforderung, die mir sehr viel gegeben hat; und eben das wünsche ich den Leserinnen und Lesern, dass die dargelegten Ausführungen auch ihnen Herausforderung und Nahrung für ihren Glauben an Jesus Christus, unseren Herrn und Erlöser sei.

Ingenbohl, an Ostern 2013

Roger Bittel

Petrus - Geschichte einer Jüngerschaft

I. Der Standpunkt der Nachfolge

Zunächst begeben wir uns nun aber in die Synagoge von Kafarnaum. Es war am Tag nach der wunderbaren Brotvermehrung. Jeus hatte erklärt, er sei das Brot des Lebens und hatte sogar sehr massiv gesprochen, sein Fleisch sei wirklich eine Speise; und wer von dieser Speise esse, werde in Ewigkeit nicht sterben.[1] Auf diese Rede hin zogen sich viele seiner Jünger von ihm zurück. Die Brotvermehrung war schon verwunderlich genug. Doch das war zumindest etwas, das sie nicht bestreiten konnten. Auch wenn ihnen dieses Ereignis rätselhaft war und den gesunden Menschenverstand übersteigen musste, so war doch immerhin etwas Sicht- und Spürbares da und hatte darüber hinaus die angenehme Wirkung, dass es den menschlichen Hunger zu stillen vermochte. Aber den Sprung von diesem sinnenhaften Ereignis zum übersinnlichen, rein geistigen Geschehen liessen sie sich nicht zumuten, zumal Jesus von diesem Geschehen als einer Art Fleischwerdung sprach.

Keine Kompromisse im Glauben

Jesus hatte hier, in der Synagoge zu Kafarnaum, seine Verkündigung in eine Krise hinein getrieben. Vom rein menschlichen Verstehen aus gesehen, hatte er den Bogen überspannt.

Doch Jesus machte nicht den Eindruck, als hätte er sich versprochen, noch nahm er seine Aussage zurück oder kam den Zuhörenden mit irgendwelcher Kompromissaussage entgegen. Kompromisslos hielt er an seiner Aussage fest, dass er das Fleisch für das ewige Leben sei. Die Leute hatten schliesslich die Brotvermehrung erfahren. Es sollte ihnen

---

[1] Joh 6,35

also zumutbar sein, in der Brotvermehrung ein Zeichen zu sehen, auch wenn sie dieses Zeichen nicht zu verstehen vermochten.

Sie schienen zu ahnen, dass mit der Lehre Jesu ihr Verstand an eine Grenze geführt wurde; und sie waren nicht bereit oder wagten es nicht, über diese Grenze hinauszugehen. Andererseits konnte sich Jesus nicht innerhalb den Bereich dieser Grenze zurückziehen. Es wäre unwahr und lieblos, innerhalb der vom menschlichen Verstand gezogenen Grenzen zu bleiben, zumal es geradezu das Kennzeichen seines Lebens und seiner Lehre war, über diese Grenze hinauszuführen. So fragte er denn die Zwölf, die er geschaffen hatte: Wollt auch ihr gehen? Und da erhielt er von Petrus die Antwort: „Herr, zu wem sollen wir gehen? Du hast Worte des ewigen Lebens“.[2]

Innerhalb der Geschichte einer Jüngerschaft interessiert uns diese Antwort in besonderem Masse. Es zeigt sich hier, dass Petrus, und mit ihm wohl einige andere, in der Nachfolge Christi so weit fortgeschritten war, dass es für ihn keine Alternative zur Nachfolge gab.

Der Standpunkt der Nachfolge

Wohin sollte er denn gehen? Zurück zum Glauben Israels? Aber wäre das wirklich ein Zurück? Er hatte den Glauben Israels nie verlassen und dachte auch später nie daran, aus diesem Glauben auszuscheren. In der Nachfolge Christi ging er im Gegenteil diesen Glauben konsequent weiter. Er ging ihn auch dort weiter, wo sich Barrieren des Glaubens in den Weg stellten. Er ging ihn weiter auf das Wort Christi hin, weil er, was wir später sehen werden, mit eben diesem Wort Christi grundlegende Erfahrungen gemacht hatte.

---

[2] Joh 6,67-69

Es scheint zumindest, dass Petrus bereits einen, sagen wir fortgeschrittenen, auf alle Fälle anderen als den gewohnten Standpunkt erreicht hatte. Eine Begebenheit, die das Matthäusevangelium berichtet, kann das verdeutlichen: „Als Jesus und die Jünger nach Kafarnaum kamen, gingen die Männer, die die Tempelsteuer einzogen, zu Petrus und fragten: Zahlt euer Meister die Doppeldrachme nicht? Er antwortete: Doch! Als er dann ins Haus hineinging, kam ihm Jesus mit der Frage zuvor: Was meinst du, Simon, von wem erheben die Könige dieser Welt Zölle und Steuern? Von ihren eigenen Söhnen oder von den anderen Leuten? Als Petrus antwortete: Von den anderen! sagte Jesus zu ihm: Also sind die Söhne frei. Damit wir aber bei niemand Anstoß erregen, geh an den See und wirf die Angel aus; den ersten Fisch, den du heraufholst, nimm, öffne ihm das Maul und du wirst ein Vierdrachmenstück finden. Das gib den Männern als Steuer für mich und für dich“.[3]

Die Söhne sind frei. Den Gepflogenheiten der Welt passen sie sich nur insofern an, als sie keinen unnötigen Anstoss erregen. Und wessen Söhne sie sind, ist im Zusammenhang mit der Jüngerschaft Christi ohnehin klar: Sie sind Söhne Gottes. Söhne werden sie hier insofern genannt, als beide, Jesus und Petrus, Männer sind. Da jedoch, gemäss der Aussage Jesu, jeder, der den Willen des himmlischen Vaters tut, für Jesus „Bruder und Schwester und Mutter ist“,[4] fallen unsere Familienbezeichnungen für die Jüngerschaft nicht ins Gewicht. Sie sind symbolische Bezeichnungen für qualifizierte, zwischenmenschliche Beziehungen, wobei allerdings die Beziehung von Vater zu Söhnen und

[3] Mt 17,24-27

[4] Mt 12,50

Töchtern der engeren Beziehung zwischen Gott und Mensch vorbehalten bleibt.

Interessant ist hier, in dieser Begebenheit, dass Jesus Petrus genauso zu den Söhnen rechnet wie sich selbst. Er macht zwischen sich und Petrus keinen Unterschied. Damit ist zugleich gesagt, dass die Jüngerschaft Christi darin besteht, dem Standpunkt Jesu Christi immer ähnlicher zu werden; und dieser Standpunkt befindet sich nicht in der sogenannt diesseitigen Welt, wiewohl er freilich einen radikaleren Einfluss auf die Welt hat als jeder noch so hohe, innerweltliche Standpunkt.

Worte des ewigen Lebens

Aus diesem, das Irdische nach innen hin überbietendem Blickwinkel heraus, spricht Petrus zu Jesus: „Du hast Worte des ewigen Lebens".

Petrus sagte nicht: „Du hast Wundertaten vollbracht", denn die Worte des ewigen Lebens sind mehr als alle Wunder, die Jesus gewirkt hat, zusammen genommen.

Das ist vom Standpunkt des rein irdischen Menschen aus betrachtet, nicht einsichtig. Wir wollen nicht Worte hören, sondern Taten sehen. Unsere Worte sind inflationär. Worte werden in den Fluten der modernen Kommunikation mit grosser Achtlosigkeit hingeworfen. Knapp zur Kenntnis genommen, sind sie heute gesagt und morgen schon verbraucht. Altehrwürdige Worte verfallen zu Worthülsen. Der Inhalt ist aufgebraucht. Die Papierkörbe füllen sich mit weggeworfenen Worten. Sie sind zu einem grossen Teil erschreckend unverbindlich und werden durch neue ersetzt, die kaum Zeit haben, vor dem Verdrängtwerden durch wieder neue, Inhalt anzusetzen. Worte sind Seifenblasen geworden. Worte des Augenblicks.

Darin zeigt sich die grosse Kluft zwischen den nur menschlichen Worten und den Worten Christi. Die Worte Christi sind Worte des ewigen Lebens auch in dem Sinne, dass, wie Jesus lehrte, Himmel und Erde vergehen, seine Worte jedoch nicht. Können Worte diese Kraft haben? Ja, wenn es schöpferische Worte Gottes sind. Um es kurz zu sagen, die Worte Jesu, welche Worte des ewigen Lebens bedeuten, sind zum Beispiel diese: „Mädchen, ich sage dir, steh auf", womit er das tote Töchterchen von Jairus ins Leben zurückholte. Oder: Lazarus, komm heraus. Oder: Nimm deine Bahre und geh. Oder: Deine Sünden sind dir vergeben und so fort. Es sind Worte, welche den Menschen neues Leben einhauchen, Worte, die aufrichten und befreien, Worte, die dort das Leben neu schaffen, wo es zu Ende gegangen scheint. Es sind die Worte jenes einen Wortes, von dem das Johannesevangelium sagt: „Alles ist durch das Wort geworden und ohne das Wort wurde nichts, was geworden ist." Du hast Worte des ewigen Lebens heisst dann: Auf dein Wort hin werden wir ewig Leben. Oder auch anders gewendet: Wer auf dein Wort hört und es befolgt, hat ewiges Leben in sich.

Worte sind Brücken. Sie müssen wahr sein, um tragfähig zu sein. Lügen sind kaputtgemachte Brücken, die einbrechen, sobald sich jemand darauf einlässt. Aber auch die menschlich wahren Worte sind unzureichende Brücken, sobald es um das eigentliche und ewige Leben geht. Rein menschliche Worte und Gedanken erreichen das jenseitige Ufer nicht. Irgendwo brechen sie ein und hören auf, sinnvoll und tragfähig zu sein.

Das unmögliche Leiden

Gehen wir nun zeitlich etwas zurück und geographisch nach Norden an eine der Quellen des Jordans, nach Cäsarea Philippi. Dort hatte Jesus, nachdem er die Jünger gefragt hatte, für wen ihn die Menschen halten und er daraufhin die Antwort des Petrus erhalten hatte, er sei der Messias, den Jüngern gesagt, „er müsse nach Jerusalem gehen und von den Ältesten, den Hohepriestern und den Schriftgelehrten vieles erleiden; er werde getötet werden, aber am dritten Tag werde er auferstehen. Da nahm ihn Petrus beiseite und machte ihm Vorwürfe; er sagte: Das soll Gott verhüten, Herr! Das darf nicht mit dir geschehen! Jesus aber wandte sich um und sagte zu Petrus: Weg mit dir, Satan, geh mir aus den Augen! Du willst mich zu Fall bringen; denn du hast nicht das im Sinn, was Gott will, sondern was die Menschen wollen.“[5]

Den Kreuzestod Jesu möge Gott verhüten, das ist gut menschlich gedacht. Es wird ja später für die Ungläubigen ein geradezu schlagender Beweis dafür sein, dass Jesus nicht auf der Seite Gottes sein konnte, denn Gott hätte, wäre Jesus sein Gesandter oder gar sein Sohn gewesen, diesen Tod mit Sicherheit nicht zugelassen. Nicht einmal ein menschlicher Vater würde seinen Sohn derart im Stich lassen, geschweige denn Gott.

„Das möge Gott verhüten“ ist angesichts des Todes eines geliebten Menschen die natürlichste, menschlichste und ehrlichste Reaktion. Man stelle sich nur vor, es wäre anders und ein Mitmensch dächte, es möge hoffentlich bald geschehen, dass du stirbst. Von daher ist das menschliche Denken des Petrus folgerichtig und sympathisch. Entsprechend seltsam mutet dann aber die Reaktion Jesu an. Bei ihm muss Petrus einen Lebensnerv getroffen haben, denn er, Jesus, wird äusserst energisch. Und eben dieses Äusserste, das da auf dem Spiel steht, muss uns zu denken geben.

Sicher, Jesus mag sich an die Versuchung in der Wüste erinnern, als der

---

[5] Mt 16,23

Versucher an ihn herantrat mit den Aussagen: „Wenn du Sohn Gottes bist, dann kannst du doch …“[6] Und es ist, als rede er über Petrus hinaus diesen direkt an: „Weiche, Satan…“ Aber dann folgt die seltsame Begründung: „Du hast das im Sinn, was Menschen wollen“. Wie sollte denn Petrus nicht wollen, was Menschen wollen? Ist denn, was Menschen wollen, im Hinblick auf das Leben Jesu und entsprechend in Hinblick auf die Jüngerschaft bereits teuflisch?

Übervernünftige Gedanken

Ich denke: Ja. Es kommt in der Jüngerschaft Christi gerade darauf an, nicht an rein menschlichen Gedanken haften zu bleiben, sondern diese Gedanken zu überschreiten, wobei freilich eminent wichtig ist, dass man sie nicht unter- sondern überschreitet. Oder noch einmal genauer gesagt: Was übervernünftig sein soll, darf die Grenze der menschlichen Vernunft nicht unterschreiten. Was heisst das?

Exerzieren wir das einmal in Bezug auf die Liebe durch. Göttliche Liebe kennt in der Treue zum Menschen keine innerweltliche Grenzen, sondern geht in der Ohnmacht eben dieser Liebe und dem Respekt vor der menschlichen Freiheit, durch den Tod hindurch. Rein menschliche Liebe setzt Grenzen: Bis hierher und nicht weiter. Die das Menschliche unterschreitende „Liebe“, liebt egoistisch und ausnahmsweise ein paar ans Herz gewachsene Menschen und kann anderen gegenüber gefühllos und kalt sein.

Hier zumindest, musste Petrus etwas davon geahnt haben, was es heissen kann, Worte des ewigen Lebens zu haben, Worte, die aus der Ewigkeit kommen und in die Ewigkeit führen.

---

[6] Mt 4,3

Doch wir verlassen einstweilen diese Spur und betrachten das, was sich unmittelbar vorher zugetragen hatte. „Jesus ging mit seinen Jüngern in die Dörfer bei Cäsarea Philippi. Unterwegs fragte er die Jünger: Für wen halten mich die Menschen?

Für wen wird Jesus gehalten?

Sie sagten zu ihm: Einige für Johannes den Täufer, andere für Elija, wieder andere für sonst einen von den Propheten. Da fragte er sie: Ihr aber, für wen haltet ihr mich? Simon Petrus antwortete ihm: Du bist der Messias!“[7]

Die Menschen, denen Jesus begegnete, ahnten, dass ihnen in Jesus jemand begegnete, der über das rein Menschliche hinausreicht. Da kam jemand auf sie zu, der zumindest aussergewöhnlich war, sei es in seiner Lehre, sei es in seinen Taten, sei es in seiner offenkundigen Sympathie für die Menschen überhaupt. Eingebettet in ihrer Religion suchten sie denn auch nach einem Vorbild, wie etwa Johannes oder Elija oder auf alle Fälle wie einem Propheten. Ja, ein Prophet musste er wohl sein.

Das sogenannt einfache Volk, der „Mann auf der Strasse“, spürte mit unverbildetem Gespür und ohne graue Hintergedanken von Hochmut, Neid und Konkurrenzangst, dass hier jemand war, der ihnen Orientierung und Führung geben konnte.

Die religiöse Führung war im Volk Israel jedoch schon besetzt. Die Schriftgelehrten, die Pharisäer und Hohepriester dachten nicht daran, sich diese Führung streitig machen zu lassen. Sie registrierten sehr genau, dass dieser angebliche Prophet sich nicht so verhielt, wie sich ein Mann Gottes zu verhalten hatte: Er ass mit Zöllnern und Sündern, hielt seine Jünger nicht zum Fasten an, durchbrach den Sabbat und so

[7] Mt 16,15f

fort. Zugegeben, er vollbrachte erstaunliche Taten, heilte Kranke, Behinderte, vom Bösen Besessene. Doch wie er einem Gelähmten sagte: „Deine Sünden sind dir vergeben“,[8] da überspannte er den Bogen. Für die Schriftgelehrten war damit klar: Er lästert Gott. Freilich war da noch die erstaunliche Tatsache, dass er Dämonen ausgetrieben hatte. Das verlangte dann doch nach einer stichhaltigen Erklärung, wenn Jesus nicht als von Gott kommend anerkannt werden sollte. Doch auch diese Erklärung blieben die Schriftgelehrten und Pharisäer nicht schuldig: „Mit Hilfe des Anführers der Dämonen treibt er die Dämonen aus“.[9]

Kein Zurück von der Wahrheit

Petrus indessen bekannte vor Cäsarea Philippi: „Du bist der Messias, der Sohn des lebendigen Gottes“. Wie immer Petrus zu dieser Erkenntnis gekommen sein mag – das wird zu erfragen sein – in der Nachfolge Christi darf man unter keinen Umständen hinter diese Aussage zurück. Jesus Christus ist wahrer Mensch und wahrer Gott und hat entsprechend genau jene Worte und Weisungen, welche von Gott, dem Schöpfer aller, kommen und zu ihm hinführen. Das ist das allerwichtigste im Leben überhaupt, und nicht nur in der Nachfolge, sondern im Leben schlichtweg aller Kreaturen, insbesondere des Menschen.

Das sehen freilich nicht alle so, damals nicht und heute nicht und solange nicht, als es Menschen auf Erden geben wird.

Als Jesus in der Tempelreinigung das von Missgunst und Neid gefüllte Fass vollends zum Überlaufen brachte - warum nur hatte er das getan? – und durch das Kreuz hingerichtet wurde, da war die Sache in den

[8] Mt 9,2
[9] Mk 3,22

Augen der religiösen Behörde erledigt. Schlimm nur, dass die Sache Jesu mit der Behauptung der Jüngerinnen und Jünger, sie hätten den Auferstandenen erfahren, doch eine andere Wendung nahm, nämlich weiterging und in die Religionsgemeinschaft der Juden eine empfindliche Spaltung zu bringen drohte. Da waren eifrige Pharisäer schnell bereit, der neuen, jüdischen Sekte den Kampf anzusagen.

Christenverfolgung

Als besonders eifriger tat sich der junge Pharisäer Saulus hervor. Dieser

„versuchte die Kirche zu vernichten; er drang in die Häuser ein, schleppte Männer und Frauen fort und lieferte sie ins Gefängnis ein“.[10]

Doch da traf ihn, als er in seiner Mission, die Jüngerinnen und Jünger Christi auszurotten, unterwegs war, vor Damaskus der Ruf Christi: „Warum verfolgst du mich?“

In diesem Ruf lag für Saulus ein zumindest Dreifaches: zum einen die Mahnung: Wer die Jüngerinnen und Jünger Christi verfolgt, verfolgt Christus selber, zweitens die Einsicht, dass diese Frage nicht allein beinhaltete, von der Christenverfolgung abzusehen, sondern zugleich den Auftrag enthielt, ihn, den ehedem Verfolgten, zu verkündigen und drittens das Wissen, das er selber später so formulierte: „Das Evangelium, das ich verkündigt habe , stammt nicht von Menschen; ich habe es ja nicht von einem Menschen übernommen oder gelernt, sondern durch die Offenbarung Jesu Christi empfangen“.[11]

Stellungnahmen zu Jesus

Das Ja oder Nein zu Jesus Christus wird mit der Geschichte der Menschen weiterwandern und jedem je neu gestellt sein: Für wen hältst

[10] Apg 9,1f

[11] Gal 1,11f

du mich? Und diese Frage ist eindringlich, sagte doch Christus: „Wer nicht für mich ist, ist gegen mich; wer nicht mit mir sammelt, der zerstreut.“[12]

Ist dem aber so, dann ergeben sich zumindest drei fehlbare Grundentscheidungen: erstens Jesus als berühmte, einflussreiche, ausserordentliche menschliche Person gerade soweit anzuerkennen, wie es menschlicher Vernunft zumutbar ist und nichts darüber hinaus; zweitens die Haltung der Gleichgültigkeit. Dazu sagt beispielsweise die Geheime Offenbarung des Johannes: „Du bist weder heiss noch kalt, darum spucke ich dich aus“[13] und drittens die Haltung der Ablehnung.

Freigeister, beispielsweise, denken sich die Freiheit richtig als Beseitigung des sich vorgestellten Gottes, verweigern aber dann den Sprung zum wahren, unvorstellbaren Gott, der in Jesus Christus Mensch geworden ist.

II. Der Ruf Jesu

Der Anfang der Jüngerschaft Petri

Wie aber, lässt sich nun fragen, hat die Jüngerschaft Petri angefangen? Dazu weiss uns das Johannesevangelium das Folgende zu berichten:

„Am Tag darauf stand Johannes wieder dort und zwei seiner Jünger standen bei ihm. Als Jesus vorüberging, richtete Johannes seinen Blick auf ihn und sagte: Seht, das Lamm Gottes! Die beiden Jünger hörten, was er sagte, und folgten Jesus. Jesus aber wandte sich um, und als er sah, dass sie ihm folgten, fragte er sie: Was wollt ihr? Sie sagten zu ihm: Rabbi - das heißt übersetzt: Meister -, wo wohnst du? Er antwortete:

---

[12] Mt 12,30

[13] Apk 3,15

Kommt und seht! Da gingen sie mit und sahen, wo er wohnte, und blieben jenen Tag bei ihm; es war um die zehnte Stunde.

Andreas, der Bruder des Simon Petrus, war einer der beiden, die das Wort des Johannes gehört hatten und Jesus gefolgt waren. Dieser traf zuerst seinen Bruder Simon und sagte zu ihm: Wir haben den Messias gefunden. Messias heißt übersetzt: der Gesalbte (Christus). Er führte ihn zu Jesus. Jesus blickte ihn an und sagte: Du bist Simon, der Sohn des Johannes, du sollst Kephas heißen. Kephas bedeutet: Fels (Petrus)".[14]

Die religiösen Wurzeln - Messiaserwartung

Petrus lebte, wie die damaligen jüdischen Zeitgenossen überhaupt, von Kind auf in einem ganz bestimmten religiösen Umfeld. Die Geschichte seiner Jüngerschaft fand im praktizierten Glauben des Volkes Gottes ihre Vorgeschichte. Ein Kennzeichen dieser Vorgeschichte war die starke Erwartung eines kommenden Messias. Diese Erwartung muss im Jüngerkreis um Johannes, dem Täufer, besonders ausgeprägt gewesen sein. Dieser, Johannes, fand seine Sendung darin, dem kommenden Messias, den Weg zu bereiten: „Ebnet ihm die Straßen! Jede Schlucht soll aufgefüllt werden, jeder Berg und Hügel sich senken. Was krumm ist, soll gerade werden, was uneben ist, soll zum ebenen Weg werden. Und alle Menschen werden das Heil sehen, das von Gott kommt".[15]

Die Messiaserwartung war mit der Erfahrung des Auszugs aus der Unterdrückung in Ägypten verbunden. Wie damals das Passalamm das Symbol des Auszugs und der Befreiung war, so wurde der Messias zur Hoffnung einer erneuerten Freiheit und damit gleichsam als neues

---

[14] Joh 1,35-42

[15] Mt 3,1-4

Passalamm benannt. Der Messias wurde denn auch in der Tat an einem der jährlich begangenen Passafeiern erwartet.

Exodus 12,3 und folgende beschreibt es so: Gott sprach durch Mose zum Volk: „Am zehnten Tage dieses Monats nehme jeder Hausvater ein Lamm, je ein Lamm für ein Haus. … Ihr sollt es verwahren bis zum vierzehnten Tag des Monats. Da soll es die ganze Gemeinde Israel schlachten gegen Abend. Und sie sollen von seinem Blut nehmen und beide Pfosten an der Tür und die obere Schwelle damit bestreichen an den Häusern, in denen sie's essen. … So sollt ihr's aber essen: Um eure Lenden sollt ihr gegürtet sein und eure Schuhe an euren Füßen haben und den Stab in der Hand und sollt es essen als die, die hinwegeilen; es ist des HERRN Passa. … Ihr sollt diesen Tag als Gedenktag haben und sollt ihn feiern als ein Fest für den HERRN, ihr und alle eure Nachkommen, als ewige Ordnung“.

Zwei förderliche Bedingungen für die Jüngerschaft

Johannes hatte, wie die Pharisäer, Jünger um sich gesammelt, die er offenbar auch beten gelehrt hatte. Damit sind zwei Eigenschaften für die Jüngerschaft ganz allgemein bereits erwähnt, nämlich: die allgemeine Vorgeschichte im entsprechenden Umfeld, die Tradition des Gottesvolkes also, die dann hinführt zur besonderen Vorgeschichte im Gefolge einer charismatischen, mit Gott verbundenen Person.

Petrus, vielleicht selber Jünger des Johannes, war durch seinen Bruder Andreas auf jeden Fall mit dem Jüngerkreis des Täufers verbunden; und dass der Messias jederzeit kommen konnte, ja, vielleicht schon unerkannt unter ihnen war, war ihm, wie jedem anderen, glaubenden Israeliten, ein vertrauter Gedanke.

Dieser erwartete Messias wurde freilich rein innerweltlich gedacht. Er würde das Volk Gottes von der Herrschaft fremder Völker befreien, würde, wenn nötig mit eiserner Hand, Recht und Gerechtigkeit schaffen und ihm, dem auserwählten Volk, jenen Platz erobern, der ihm unter den Völkern gebührte. Das alles war, wie gesagt, rein innerweltlich gedacht. Der Messias würde wie Elija den erbitterten Kampf gegen die Feinde des Volkes kämpfen, würde wie Johannes, der Täufer, das Strafgericht Gottes ankündigen und es mit Gottes Hilfe vollziehen. Man erwartete offenbar den Messias als eine Art göttlichen Haudegen, der, wie die Jugendlichen heute sagen würden, „action" in die Welt bringt.

Das Wort des Propheten Jesaja, der vom Messias sagte: „Das ist mein Erwählter, an ihm finde ich Gefallen. Ich habe meinen Geist auf ihn gelegt ... Er schreit nicht und lärmt nicht ... Das geknickte Rohr zerbricht er nicht und den glimmenden Docht löscht er nicht aus",[16] dieses Wort war wohl irgendwie unter dem Schutt ihrer rein menschlichen Vorstellungen und Wünschen begraben.

Auch später noch, als Jesus von seiner Auferstehung am dritten Tage sprach, verstanden die Jünger nicht, was er damit meinte.

Selbst Johannes, der Täufer, scheint einen etwas handfesteren Messias erwartet zu haben, denn, als er im Gefängnis war, liess er ihn durch seine Jünger fragen: „Bist du der, der kommen soll, oder müssen wir auf einen andern warten?"[17] Die Antwort Jesu: „Geht und berichtet Johannes, was ihr hört und seht: Blinde sehen wieder und Lahme gehen; Aussätzige werden rein und Taube hören; Tote stehen auf und den Armen wird das Evangelium verkündet. Selig ist, wer an mir keinen Anstoß nimmt". Diese Antwort war das Hinweisen auf die Zeichen und

---

[16] Jes 42,3
[17] Lk 7,20

Wunder, die er tat. Er gab damit dem Täufer zu verstehen, er solle diese Zeichen und Wunder sehen und sehen wollen und daraus den Schluss ziehen, dass in Jesus wirklich Gottes schöpferisches Schaffen in die Welt gekommen ist und dass genau diese Art des Wirkens, eines Wirkens, das Leben weckt und ermöglicht und vor allem die menschliche Freiheit über alles achtet, dass genau dieses Wirken das Wirken Gottes sei.

Wie viel Petrus damals, als er zu Jesus sagte: „Du bist der Messias, der Sohn des lebendigen Gottes!“ vom Messias verstand, sei dahin gestellt. Wir werden später auf dieses Petrusbekenntnis zurückkommen. Auch die Aussage Jesu: „Du sollst Kephas heissen“ wird uns noch beschäftigen müssen.

Erste Erfahrungen mit Jesu Wort

Doch wir wollen zunächst etwas genauer auf die Berufung des Petrus schauen. Das Lukasevangelium berichtet uns das Folgende: „Als Jesus am Ufer des Sees Gennesaret stand, drängte sich das Volk um ihn und wollte das Wort Gottes hören. Da sah er zwei Boote am Ufer liegen. Die Fischer waren ausgestiegen und wuschen ihre Netze. Jesus stieg in das Boot, das dem Simon gehörte, und bat ihn, ein Stück weit vom Land wegzufahren. Dann setzte er sich und lehrte das Volk vom Boot aus.

Als er seine Rede beendet hatte, sagte er zu Simon: Fahr hinaus auf den See! Dort werft eure Netze zum Fang aus! Simon antwortete ihm: Meister, wir haben die ganze Nacht gearbeitet und nichts gefangen. Doch wenn du es sagst, werde ich die Netze auswerfen. Das taten sie, und sie fingen eine so große Menge Fische, dass ihre Netze zu reißen drohten. Deshalb winkten sie ihren Gefährten im anderen Boot, sie sollten kommen und ihnen helfen. Sie kamen und gemeinsam füllten sie beide Boote bis zum Rand, sodass sie fast untergingen.

Als Simon Petrus das sah, fiel er Jesus zu Füßen und sagte: Herr, geh weg von mir; ich bin ein Sünder. Denn er und alle seine Begleiter waren erstaunt und erschrocken, weil sie so viele Fische gefangen hatten; ebenso ging es Jakobus und Johannes, den Söhnen des Zebedäus, die mit Simon zusammenarbeiteten. Da sagte Jesus zu Simon: Fürchte dich nicht! Von jetzt an wirst du Menschen fangen. Und sie zogen die Boote an Land, ließen alles zurück und folgten ihm nach."[18]

Der menschliche Hunger nach Gottes Wort

Betrachten wir das genauer: Das Volk drängt sich um Jesus und will das Wort Gottes hören. Das ist interessant. Hier können Petrus und seine Fischerkollegen augenscheinlich erfahren, dass im Volk, zumindest in den ärmeren Schichten, vermute ich mal, ein regelrechter Hunger nach dem Wort Gottes herrscht. Die Leute dürsten nach Weisungen und Orientierungen vor allem in ihrem religiösen Leben, in jenem Leben, von dem sie sich mit Recht Sinn und Erfüllung versprechen.

Das Matthäusevangelium berichtet: „Als Jesus die vielen Menschen sah, hatte er Mitleid mit ihnen; denn sie waren müde und erschöpft wie Schafe, die keinen Hirten haben".[19]

Des anderen Hunger und Durst zu sättigen, ist ein Werk der Barmherzigkeit; und wenn also die Menschen Hunger und Durst nach dem Wort Gottes haben, dann ist es ein eminent bedeutsames Werk der Barmherzigkeit, ihnen diese Worte Gottes verständlich und glaubwürdig zu geben.

---

[18] Lk 5,1-10

[19] Mt 9,36

Jesus steigt in das Boot des Simon (Petrus)

Zu diesem Zweck stieg Jesus in das Boot, das Simon gehörte. Sollte das ein Zufall sein, oder will es besagen: Jesus ist in dem Boot, das von Simon Petrus geführt wird, mithin in dem Boot, das man später Kirche nennen wird? Ich denke, dass es nicht abwegig ist, dieses einmal so zu bedenken, denn mir scheint es ein Grundzug der Evangelien zu sein, dass Jesus in jenen Dingen, die man gleichsam „amtlich" nennen könnte, jeweils eine besondere Hinwendung zu Petrus bezeugt. Doch solches kann Petrus hier natürlich noch nicht erfahren. Er wird gleich eine andere Erfahrung machen.

Sozusagen als Gleichnishandlung zu dem, was soeben bei seiner Rede zu den Leuten geschah, sagt Jesus zu Petrus, er solle auf den See hinausfahren und die Netze zum Fang auswerfen, eine Forderung mithin, die einem erfahrenen Fischer sinnlos vorkommen musste. Da sie schon die ganze Nacht gearbeitet und nichts gefangen haben, sollte das denn nun am Tage geschehen können? Das ist doch widersinnig. Doch zeigte es sich nun, dass Petrus die Nachfolge Christi höher bewertete als seine Berufserfahrung und tat, auf das Wort Jesu hin, etwas, das von berufswegen sinnlos wäre.

Da ist wiederum eine wichtige Erfahrung in der Jüngerschaft, die Erfahrung nämlich, dass es auch dann, und dann vielleicht besonders, vernünftig ist, dem Wort Jesu unbedingt zu gehorchen, auch dann und dann vielleicht besonders, wenn es nicht auf Anhieb hin verständlich ist.

Die Bedeutung der Verkündigung

Wenn nun aber dieser reiche Fischfang eine Gleichnishandlung zu dem eben Geschehenen ist, dann bedeutet es, dass die Verkündigung des

Wortes Gottes dann und insoweit fruchtbar ist, als sie auf ein Wort Jesu hin geschieht; und, was ein Zweites ist, dass, wer immer in der Verkündigung tätig ist – und ist das nicht auf je seine Weise jeder Christ? – nicht sich selbst, sondern Christus zu verkündigen hat. Die Sorge der Verkündigung ist dann nicht die, ob meine Worte ankommen, sondern ob sie, meine Worte, das Wort Gottes so transportieren, dass es beim Mitmenschen ankommen kann und dass es wirklich die Worte Gottes und nicht meine schöne Phantasie oder mein Wunschdenken sind oder die Macht des Faktischen welche da meint, wenn etwas allgemein getan werde, müsse das von der Kirchenleitung auch schon als das Richtige und Wahre gelten, bedeuten.

Ich bin ein Sünder

Eine besonders wichtige Erfahrung ist indessen jene, die Petrus hier, beim wunderbaren Fischfang, zum Ausdruck bringt. „Denn er und alle seine Begleiter waren erstaunt und erschrocken, weil sie so viele Fische gefangen hatten." Begreiflich einerseits. Aber warum nicht nur erstaunt, sondern auch erschrocken?

Petrus sagt es so: „Herr, geh weg von mir. Ich bin ein Sünder". Petrus merkt: In Jesus kommt etwas Erhabenes, Göttliches auf mich zu, dem ich nicht gewachsen bin. Diese Erhabenheit muss mich erdrücken. Ich kann ihr nicht standhalten. Im Umgang mit Jesus werde ich gleichsam zu Staub aufgerieben.

„Ich bin ein Sünder" bedeutet nicht einfach, dass man Strafe verdient und diese Strafe fürchtet. Sünde ist primär die Tragik einer innerlich verletzten Seele, einer Seele, die im Umgang mit Gott keine Chance hat, zu bestehen. Aber das hätte sie auch dann nicht, wenn sie nicht verletzt wäre.

Petrus erfährt: Gott kommt mir bedrohlich nahe; und so, wie ich bin, schwach und sündig, kann er mich nur verwerfen, so wie man Fische, die zum Verkauf nicht tauglich sind, wegwirft.

In der Begegnung mit Christus schreibt Petrus gleichsam sich selbst ab. So ist die Sünde im Grunde genommen auch eine Selbstverwerfung des Sünders; und das macht ihre Tragik aus. Man möchte sein, fühlt sich aber als verworfen. Der Sünder, mit Gott konfrontiert, verwirft sich selber.

Sünde als Verweigerung, sich von Gott lieben zu lassen

Das Tiefste der Sünde zeigt sich indessen, wenn man sich bewusst macht, was dieses Erhabene ist, das einem in Jesus Christus entgegen kommt. Es ist die unendliche, überwältigende Liebe Gottes; und es gälte nun, dieser Liebe Gottes standzuhalten, sich ihr auszuliefern, sich von ihr durchdingen und reinigen zu lassen. So betrachtet ist die Sünde, nach einem Wort der heiligen Teresa von Avila, die Verweigerung, sich von Gott lieben zu lassen.
Warum sich das Bewusstsein, sündig zu sein, gerade in der Begegnung mit Christus entzündet, wird noch zu bedenken sein.

Doch sei zunächst nochmals ein Blick darauf gerichtet, was sich in der Begegnung Gottes mit den Menschen ereignen kann. Dazu begeben wir uns in die Synagoge von Nazareth und betrachten Jesu erstes öffentliches Auftreten daselbst.

Die "skandalöse" Nähe Gottes

Jesus kam „nach Nazareth, wo er aufgewachsen war, und ging, wie gewohnt, am Sabbat in die Synagoge. Als er aufstand, um aus der Schrift vorzulesen, reichte man ihm das Buch des Propheten Jesaja. Er schlug das Buch auf und fand die Stelle, wo es heißt: Der Geist des

Herrn ruht auf mir; denn der Herr hat mich gesalbt. Er hat mich gesandt, damit ich den Armen eine gute Nachricht bringe; damit ich den Gefangenen die Entlassung verkünde und den Blinden das Augenlicht; damit ich die Zerschlagenen in Freiheit setze und ein Gnadenjahr des Herrn ausrufe. Dann schloss er das Buch, gab es dem Synagogendiener und setzte sich. Die Augen aller in der Synagoge waren auf ihn gerichtet. Da begann er, ihnen darzulegen: Heute hat sich das Schriftwort, das ihr eben gehört habt, erfüllt. Seine Rede fand bei allen Beifall; sie staunten darüber, wie begnadet er redete, und sagten: Ist das nicht der Sohn Josefs? Da entgegnete er ihnen: Sicher werdet ihr mir das Sprichwort vorhalten: Arzt, heile dich selbst! Wenn du in Kafarnaum so große Dinge getan hast, wie wir gehört haben, dann tu sie auch hier in deiner Heimat! Und er setzte hinzu: Amen, das sage ich euch: Kein Prophet wird in seiner Heimat anerkannt. Wahrhaftig, das sage ich euch: In Israel gab es viele Witwen in den Tagen des Elija, als der Himmel für drei Jahre und sechs Monate verschlossen war und eine große Hungersnot über das ganze Land kam. Aber zu keiner von ihnen wurde Elija gesandt, nur zu einer Witwe in Sarepta bei Sidon. Und viele Aussätzige gab es in Israel zur Zeit des Propheten Elischa. Aber keiner von ihnen wurde geheilt, nur der Syrer Naaman. Als die Leute in der Synagoge das hörten, gerieten sie alle in Wut. Sie sprangen auf und trieben Jesus zur Stadt hinaus; sie brachten ihn an den Abhang des Berges, auf dem ihre Stadt erbaut war, und wollten ihn hinabstürzen. Er aber schritt mitten durch die Menge hindurch und ging weg“.[20]

Wir erfahren hier eine für die Beziehung zu Gott nicht ungefährliche, wenn auch allgemein menschliche Haltung, dass man nämlich im eigenen Alltag nichts Besonderes sieht, dass der Alltag einfach Alltag ist, normal, banal, nichts besonderes – und wenn denn schon mal etwas

---

[20] Lk 4,16-30

Besonderes geschehen soll, dann kommt das entweder von weither, oder man geht irgendwo weit hin, um das Besondere zu suchen.

Und so finden wir denn eben diese Haltung genauso bei den Leuten von Nazareth. Sie staunen einerseits über das, was Jesus sagt und wie er es sagt. Sie waren verwundert über sein Auftreten und über das, was sie von ihm gehört hatten, aber anderseits war er ja jemand, den man kennt, der Sohn Josefs, einer aus der unmittelbaren Nachbarschaft; und eben deswegen konnte er doch nichts Besonderes sein, schon gar nicht der erwartete Messias, schon gar nicht der Sohn Gottes. Denn Gott gibt sich doch nicht mit so etwas Gewöhnlichem, wie wir sind, ab.

Und genau das war das Problem von Nazareth und kann auch unser Problem sein. Man mag denken: Das Gewöhnliche kann doch nicht der Ort Gottes sein. Wenn Gott in seinem Messias kommt, dann irgendwie aus einer unbekannten Ferne, dann irgendwie aussergewöhnlich, auf alle Fälle nicht alltäglich, auf alle Fälle nicht wie einer, den man kennt. Denken wir uns in die Zeit des jungen Jesus in Nazareth hinein: Dann hätte er, und dann hätte mit ihm Gott selber, als Nachbar unsere Schulbank gedrückt. Dann wäre er einer gewesen, den man kennt, mit dem man gebalgt und gestritten hat, er wäre einer gewesen von uns, aber, um Gottes Willen nicht Gott. – Und genau da ist die entscheidende Korrektur unseres Evangeliums: Gott will um Gottes Willen mit uns sein, in unserem alltäglichen Alltag, denn wir sind seine Geschöpfe und unser Alltag ist seine Schöpfung. Der Ort des Gewöhnlichen ist der Ort Gottes. Wenn da einer fragte: Wo ist Gott, gibt es nur die eine Rückfrage: Wo wäre denn Gott nicht?

Gott in der eigenen Tradition

Doch mit der Haltung, mit der Meinung also, man sei zu gewöhnlich für erstaunliche Dinge, wird man gleichsam blind für das

Faszinierendste, das sich überhaupt denken lässt, dass da nämlich Gott selber, der Schöpfer des Himmels und der Erde, so konkret und hautnah nahe kommt.
Diese Blindheit nützen Sekten und Esoteriker aus. Da ist die Esoterik, die geheimnisvoll genug tut, dass man glauben möchte, sie biete nun endlich das Heil für jede und jeden, insbesondere für jene, die eine Art spirituellen Kick suchen. Und dabei vergisst man leicht, dass man sozusagen vor der Haustüre, in der eigenen Religion, dem Sohn Gottes Jesus Christus in den Sakramenten und im Gebet begegnen kann.

Und insbesondere vergisst man leicht, dass jeder Mensch, auch der, welcher sich gar gewöhnlich und als nichts Besonderes vorkommt, in seinem Inneren nicht nur Gene und Nervenstränge und Synapsen hat, die Erstaunliches leisten, sondern auch und vor allem diese innere Offenheit, in der Gott den Menschen tagtäglich berührt. Oder, um es einmal mit dem grossen Mystiker Meister Eckhart zu sagen: Jeder von uns hat in sich das Seelenfünklein, in welchem Gott selber uns anrührt und begegnet.

Die erwähnte, rein menschliche Haltung begegnet uns, wie gezeigt, auch bei Petrus, wenn er sagt: Geh weg von mir, denn ich bin ein Sünder. Damit verkennt er einerseits, wie nahe Gott dem Menschen ist und sein will, andererseits lässt sich fragen, ob er sich bereits der ganzen Tiefe seiner Aussage, er sei ein Sünder, bewusst ist. Damit wenden wir uns nun zunächst wieder der Nachfolge Christi zu. Da ist in dieser Berufung etwas, das, wie die Begebenheit mit dem reichen Fischfang bezeugt, derart ist, „dass ihre Netze zu reißen drohten.“

III. Der Aufbruch

Wo die Netze reissen - der Aufbruch

Was aber, so fragen wir, droht in der Nachfolge Christi zu reissen? Einmal hatte Petrus, dessen ehrliches Fragen uns immer wieder weiterführt, Jesus gefragt: „Du weißt, wir haben alles verlassen und sind dir nachgefolgt. Was werden wir dafür bekommen?“[21] Das ist eine sehr berechtigte Frage. Doch zunächst einmal: Was ist dieses „alles“, das die Jünger verlassen haben? Das Matthäusevangelium sagt es uns, gleichsam im Zeitraffer, in aller Kürze: „Als Jesus am See von Galiläa entlangging, sah er zwei Brüder, Simon, genannt Petrus, und seinen Bruder Andreas; sie warfen gerade ihr Netz in den See, denn sie waren Fischer. Da sagte er zu ihnen: Kommt her, folgt mir nach! Ich werde euch zu Menschenfischern machen. Sofort ließen sie ihre Netze liegen und folgten ihm. Als er weiterging, sah er zwei andere Brüder, Jakobus, den Sohn des Zebedäus, und seinen Bruder Johannes; sie waren mit ihrem Vater Zebedäus im Boot und richteten ihre Netze her. Er rief sie, und sogleich verließen sie das Boot und ihren Vater und folgten Jesus.“[22]

Hier wird deutlich: Die Nachfolge Christi beginnt mit einem Aufbruch und Weggehen, weg vom Boot, also dem Beruf, weg vom Vater, also der Familie.

Die besondere Nachfolge Christi beginnt wie die besondere Heilsgeschichte mit einem Wegzug: „Der Herr sprach zu Abram: Zieh weg aus deinem Land, von deiner Verwandtschaft und aus deinem Vaterhaus in das Land, das ich dir zeigen werde. Ich werde dich zu

---

[21] Mt 1927

[22] Mt 4,18-22

einem großen Volk machen, dich segnen und deinen Namen groß machen. Ein Segen sollst du sein".[23]

Das kann auch bedeuten, dass, je radikaler der Ausbruch aus dem eigenen Land ist und je gründlicher der Durchbruch in das Land, das Gott ihm geben wird, desto grösser der Segen sein wird. So wird Abraham selber zum Segen; und das heisst, zur Zusage von Gottes Dasein für den Menschen.

Die Radikalität der Nachfolge

Von daher mag es nun auch einen Zugang geben zur Radikalität gewisser Forderungen Jesu. Das Matthäusevangelium weiss uns dazu

Folgendes zu berichten: „Es kam ein Schriftgelehrter zu ihm und sagte: Meister, ich will dir folgen, wohin du auch gehst. Jesus antwortete ihm: Die Füchse haben ihre Höhlen und die Vögel ihre Nester; der Menschensohn aber hat keinen Ort, wo er sein Haupt hinlegen kann. Ein anderer aber, einer seiner Jünger, sagte zu ihm: Herr, lass mich zuerst heimgehen und meinen Vater begraben! Jesus erwiderte: Folge mir nach; lass die Toten ihre Toten begraben!"[24]

Das ist ein radikaler Aufbruch und Auszug. Es besagt Heimatlosigkeit, die Vergangenheit hinter sich zu lassen, noch so ehrwürdige, menschliche Taten als Taten von Toten zu betrachten und sich auf Gedeih und Verderb einem auszuliefern, der keinen Ort hat, „wo er sein Haupt hinlegen kann" und folglich einen solchen Ort auch nicht anzubieten hat.

Es bedarf des Mutes, dieses Wagnis einzugehen. So ist und bleibt die Nachfolge Christi ein Wagnis, von dem man nur allmählich, Schritt für

---

[23] Gen 12,1ff

[24] Lk 9,57-62

Schritt, erst nur leise und dunkel, entdeckt, dass es sich lohnt, sofern man es wirklich echt und tief lebt.

Aufbruch der Herkunftsfamilie

Das Evangelium erzählt uns folgendes: Jesus lehrte in einem Haus. „Da kamen seine Mutter und seine Brüder; sie blieben vor dem Haus stehen und ließen ihn herausrufen. Es saßen viele Leute um ihn herum und man sagte zu ihm: Deine Mutter und deine Brüder stehen draußen und fragen nach dir. Er erwiderte: Wer ist meine Mutter und wer sind meine Brüder? Und er blickte auf die Menschen, die im Kreis um ihn herumsaßen, und sagte: Das hier sind meine Mutter und meine Brüder. Wer den Willen Gottes erfüllt, der ist für mich Bruder und Schwester und Mutter.“[25]

Hier zeigt sich schon etwas von der Antwort auf die Frage nach dem Lohn der Nachfolge. Es ist nämlich nicht so, dass das Verlassen der Familie in eine grosse Beziehungslosigkeit führte und die Familie als solche gering geachtet würde, sondern so, dass der Aufbruch aus der einen Familie der Durchbruch in eine grössere Familie ist. Das Kennzeichen dieser grösseren Familie wird darin bestehen, dass in ihr der Wille Gottes als Leitschnur allen Handelns gilt. Dieser göttliche Wille wiederum wird im Masse der Nähe zu Christus geschehen.

Wohin sollen wir gehen?

Aber kehren wir noch einmal zurück zur Frage des Petrus: „Wohin sollten wir gehen?“ Es scheint, dass sich diese Frage in der Hektik des Alltags nicht stellt. Doch ist eher zu vermuten, dass sie von Oberflächlichkeiten überdeckt wird. Vielleicht will man sie sich auch nicht stellen, will sie nicht aufsteigen, nicht ins Bewusstsein treten

[25] Mk 3,34f

lassen und verdrängt sie mehr oder weniger bewusst. Aber was ist, wenn sie sich irgendwann unmissverständlich stellt? Wenn sie sich vielleicht erst nachträglich stellt: Wohin bin ich mit meinem Leben gegangen?

Es wird gut sein, sich diese Frage zu stellen bevor sie sich selber aufdringlich und schmerzhaft meldet.

Aber gehen wir einmal davon aus, diese Frage, die im Unbewussten gleichsam schlummert, sei am Erwachen, das heisst, sie würde, wenn sie erwacht, sich ernsthaft als Frage stellen, was eigentlich das ganze Dasein überhaupt bedeutet und wohin es führt. Dass die Frage noch nicht ganz erwacht ist, zeigt sich darin, dass das Ungenügen an der rein irdischen Welt – das immer gegeben ist – noch nicht in seiner Radikalität wahrgenommen ist. Kürzer gesagt: Der Mensch erkennt noch nicht, dass ihm ein rein innerweltliches Leben nicht genügt und empfindet gerade deswegen oder trotzdem den Drang, aus dem Hier und Jetzt, aus dem rein irdischen Leben, soviel wie nur möglich herauszupressen und sich anzueignen. Was dann?

Er ergreift, um aus der halbbewusst wahrgenommenen Monotonie des Alltags auszubrechen, irgendeine Variante des Ausbruchs aus seinem Alltag. Ein paar solcher Varianten seien nun kurz besprochen.

Tagträume

Die wohl häufigste bilden die Tagträume. Um der als monoton empfundenen Realität zu entfliehen, schafft man sich eine innere Alternativwelt. Das hat den Vorteil, dass man darin der eigene Schöpfer sein kann. Man kann diese Welt solange aufrechterhalten, wie man will, kann in ihr das tun, was man möchte, einem das zustossen lassen, was man für seine Erfüllung gerade zu brauchen meint.

In den Tagträumen kann man durchspielen, was man erwarten kann, was man wünscht, dass es komme oder auch, dass man sich ängstigt vor dem, was kommen mag. Tagträume sind ambivalent und wechselhaft, sie können bis zur Verzweiflung bedrücken oder bis zur Euphorie begeistern. Man kann sich vorkommen als der schlechteste, unglücklichste und bemitleidungswürdigste Mensch auf der Welt oder als der glücklichste und beneidenswerteste.

Die Tatsache, dass man sich selber überhaupt vorkommen kann, zeigt deutlich an, dass es ebenso möglich wie unvermeidbar ist, zu sich selber eine Distanz zu haben. Eben diese Distanz ist eine Steigerung unseres Daseins zum Nachdenken über dieses Dasein und Sosein, das man selber ist. Dieses Übersteigen über sich selber muss einen Grund im Menschen haben, der ihn über sich selber hinausführt. Das heisst: Da ist im Menschen eine Dynamik auf Unendlichkeit hin und kraft dieser Dynamik auf Unendlichkeit ist der Mensch unersättlich im Hier und Jetzt bis er seine Sättigung in Gott erfährt.

Der Versuch, diese Unersättlichkeit mit Tagträumen zu sättigen muss entsprechend immer in eine Enttäuschung führen. Damit sind die Tagträume an sich nicht abgewertet, jedoch in ihre Schranken verwiesen. Es gibt Grenzen für Tagträume, die man nicht ungestraft überschreiten kann. Ich meine damit Folgendes: Wer sein Leben ganz und nur in Tagträumen leben würde, würde sein reales Leben unweigerlich verlieren.

Da manche Leute den Glauben an Gott als eine Art Tagtraum, die Jenseitshoffnung als eine Illusion, welche vom Diesseits unnötig ablenke und die religiöse Praxis als Zwangsneurose deuten, wird man sehr genau analysieren müssen, was den Unterschied zwischen Tagtraum und religiösem Glauben ist.

Projektionen

Eine nächste Variante, dem Tagtraum verwandt, ist die Projektion des selber nicht gelebten Lebens auf jemand anderen. Es ist die Idealisierung von Personen oder Situationen, die gerade das zu leben und zu bringen scheinen, was man selber nicht erreicht. Man delegiert das eigentliche Leben auf sie und gibt sich damit zufrieden, wenigstens gedanklich an ihrem Leben teilzuhaben. Je weniger eigenes gelebtes Leben jemand realisiert, desto mehr träumt er sich in ein anderes Leben hinein.

Jugendliche spielen in dieser Weise verschiedene Variationen des Lebens gedanklich durch; und das hat seinen Sinn und seine Berechtigung. Es darf nur nicht so überhand nehmen, dass man sich gleichsam auf cinen imaginären Lebensstil fixiert und dabei jegliche Bodenhaftung verliert.

Es kommt im spirituellen Leben gerade nicht darauf an, aus irgendwelchem Missbehagen an der realen Welt in eine Scheinwelt zu flüchten, sondern der Dynamik des eigenen Lebens zufolge in die grössere Realität durchzubrechen. Es ist ein Durchbruch auch im Sinne einer Bewusstseinserweiterung, nicht jedoch im Sinne einer schnellen und vorübergehenden Bewusstseinsveränderung, wie es zum Beispiel der Alkohol und andere Drogen bewirken, sondern im Sinne eines beharrlichen Standhaltens im je realen, oft auch harten Alltag.

Wer mit dem Bewusstsein des Ungenügens und der Unerfülltheit zu leben hat, der wird versuchen, sein Bewusstsein zu verändern, und vor allem zu erweitern. Nun ist das Bewusstsein des Ungenügens und der Unerfülltheit mit der Existenz auf dieser unserer Welt immer gegeben. Dass uns die Welt hier und jetzt nicht genügt, liegt nicht an der Mangelhaftigkeit der Welt, sondern am Ziel, das sie hat: die ewige

Erfüllung. Darin liegt ja auch der Antrieb, zu wachsen und reifer zu werden. Der eigentliche Grund dieser Unerfülltheit liegt jedoch darin, dass wir hier auf dieser unseren Welt eben noch nicht im Himmel, noch nicht in der eigentlichen Heimat sind. Da ist eine Offenheit auf die Unendlichkeit, die hier und jetzt nicht geschlossen werden kann. Es ist gleichsam eine Wunde, die offen bleibt, eine, wie es Augustinus sagt, Unruhe des Herzens, bis es ruht in Gott. Diese Unruhe zu ertragen kann schwer fallen und man versucht, sie zu vertreiben. Das kann mit oberflächlichem Vergnügen versucht werden oder mit einer radikalen Nachhilfe zur Bewusstseinsveränderung.

Bewusstseinsveränderung

Der für den Menschen wohl gefährlichste Versuch der Bewusstseinserweiterung besteht, wie schon angedeutet, im Konsum von Drogen. Die Droge verändert wohl das Bewusstsein, erweitert es aber nicht. Die Droge führt in Abhängigkeit und Sucht. Das Wort Sucht entstammt übrigens nicht, wie man etwas romantisch annehmen könnte, von Suche oder Sehnsucht, sondern kommt vom Wort Siechtum her. Sucht bedeutet also Siechtum. Und so führt der Drogenkonsum nicht zur Bewusstseinserweiterung, sondern zum Siechtum des Bewusstseins. Das Bewusstsein und dann auch das Selbstbewusstsein, werden umnebelt, für kurze Zeit rosarot eingefärbt um dann brandschwarz zu werden. Entsprechend steht am Ende der Sucht nicht das Leben und nicht die Erfüllung, sondern Zerrüttung, Verengung der Interessen allein auf die Suchtsubstanz, Ausblendung vom realen Leben, Realitätsverlust bis hin zur blanken Verzweiflung und nicht selten zum Suizid.

Schlimme Varianten

Andere unmögliche Möglichkeiten, die endgültige Erfüllung hier und jetzt schon erreichen zu wollen, will ich nur kurz streifen: Es sind, zum Beispiel, die unsägliche Gier, Reichtümer anzuhäufen, die Gier nach Macht und Bevormundung, die Begierde nach jeder Art von Vergnügen, und nur Vergnügen, nach Spass, nach Völlerei, nach Neuigkeiten und Skandalen, ferner die Ideologien, welche, dem Turmbau von Babel gleich, den Himmel hier schon erobern wollen und so fort. Fürwahr, „Geht durch das enge Tor!“, sagt das Matthäusevangelium, „denn das Tor ist weit, das ins Verderben führt, und der Weg dahin ist breit und viele gehen auf ihm. Aber das Tor, das zum Leben führt, ist eng und der Weg dahin ist schmal und nur wenige finden ihn“. [26] Damit muss nicht gesagt sein, dass diese Wege zwangsläufig ins ewige Verderben führen, gesagt jedoch ist auf alle Fälle, dass sie das erfüllende Leben hier und jetzt behindern.

Petrus sagte zu Jesus: Geh weg von mir, denn ich bin ein Sünder. Um tiefer in das Verständnis dieser Aussage zu kommen, machen wir noch einmal einen Anlauf. Was ist mit Sünde gemeint? Um dem auf die Spur zu kommen, überlegen wir uns, wann und wo man heutzutage, wenn überhaupt, im Alltag von Sünde spricht.

Sünde als Selbstschädigung

Da ist zunächst sicher einmal an die etwas spasshaft gemeinte, nach einem allzu üppigen Essen gemachte Bemerkung: „Nun haben ich wieder einmal gesündigt“ zu denken. Damit meint man: ich habe für einmal mehr gegessen als mir gut tut. Das heisst, dass man in der Regel kein so üppiges Essen zu sich nimmt. Es ist also etwas, das aus der Regel fällt und einen leichten Anstrich von etwas hat, das man sich

[26] Mt 7,13

normalerweise nicht gestattet. Um es kurz zu sagen: Mit Sünde, auch wenn das Wort im uneigentlichen Sinn gebraucht wird, versteht man offenbar etwas, das gegen einen selber gerichtet ist. Sünde wird hier also bereits als etwas Selbstschädigendes betrachtet.

Wer jedoch sagt: Ich bin ein Sünder, der meint nicht, dass er wieder einmal gesündigt und also sich selbst geschadet hat, sondern dass er in einem beschädigten Zustand ist, in einem so beschädigten Zustand, den er nicht reparieren kann.

Sünde als Selbst- und Fremdschädigung

Nehmen wir eine zweite Aussage hinzu: Man spricht ganz selbstverständlich von Verkehrssünder und in diesem Zusammenhang auch von Busse. Man erhält eine Busse zum Beispiel für zu schnelles Fahren. Was geschieht in der sogenannten Verkehrssünde? Man verstösst gegen ein Gesetz, das zum Schutz und zum richtigen Funktionieren des alltäglichen Miteinanders gegeben wurde. Man gefährdet nicht nur sich selbst, sondern auch die anderen. Man verstösst gegen eine Ordnung, die für das Zusammenleben notwendig ist.

In einem Spiel sind es die Spielregeln, welche die Möglichkeit des Spielens überhaupt erst schaffen und garantieren. Spielverderber halten sich nicht an solche Regeln oder verändern sie während des Spieles. Nun ist aber im Menschen eine Art Schwerkraft, welche ihn gleichsam aus diesen Spielregeln herausfallen lässt, ein Hang, über den Strang zu hauen, Regeln und Gesetze zu durchbrechen, einen Durchbruch zu suchen, wo er nicht zu finden ist. Der menschliche Defekt bestünde also in der Neigung, Spielregeln und Gesetze zu missachten, in einer Schwerkraft, welche gleichsam über die Gesetze und Regeln nach unten zieht in die Unterbietung dieser.

Regeln des Zusammenseins

Solche Regeln für das menschliche Lebensspiel, wenn wir das einmal so nennen wollen, hatte Mose in der Zeit der Wüstenwanderung, in der Zeit, da die jüdischen Stämme recht eigentlich zum Volk Gottes gebildet wurden, auf dem Sinai empfangen. In Ex 20,12-17 lesen wir: Du sollst deinen Vater und deine Mutter ehren, auf dass du lange lebest in dem Lande, das dir der HERR, dein Gott, geben wird. Du sollst nicht töten. Du sollst nicht ehebrechen. Du sollst nicht stehlen. Du sollst nicht falsch Zeugnis reden wider deinen Nächsten. Du sollst nicht begehren deines Nächsten Haus. Du sollst nicht begehren deines Nächsten Frau, Knecht, Magd, Rind, Esel noch alles, was dein Nächster hat". Man kann sie auch positiv so formulieren: Habe Ehrfurcht vor dem Leben. Sei treu in der Partnerschaft, in der Freundschaft, in den Beziehungen zu den Mitmenschen, am Arbeitsplatz, denn wir leben von dieser täglichen Treue zueinander. Gestehe dem Mitmenschen sein Eigentum, seinen Lebensraum, das, was er zum Leben braucht, zu. Sei wahrhaftig, verleumde niemanden, posaune die Fehler anderer nicht aus. Halte die Familie als Kern und Zelle jeder Gemeinschaft in Ehren.

Die zehn Gebote sind sozusagen Randsteine oder auch Leitplanken für ein Leben in Gerechtigkeit und Frieden einer Gemeinschaft. Werden diese Gebote verletzt, dann wird auch die Gemeinschaft verletzt.

Ein böses Beispiel von Lüge

Ein Beispiel mag das illustrieren: Am letzten Augusttag 1939 begann mit einer Lüge der Zweite Weltkrieg. Hitler, der veranlasst hatte, dass SS-Leute in polnischen Uniformen verkleidet den deutschen Sender in Gleiwitz überfielen, konnte kaltschnäuzig in die Welt hinausposaunen:

„Seit 5.45 wird zurückgeschossen". Eine inszenierte Lüge, eine Sünde, der Verstoss gegen das Gebot Gottes: du sollst nicht lügen, hatte etwa

60 Millionen Menschen auf grauenhafte Weise das Leben gekostet, 60 Millionen persönliche Katastrophen, ein Leiden, das so schrecklich war, dass man nur schon beim darüber Lesen körperliche Schmerzen verspürt. Hitler, dessen Leben überhaupt fast nur aus Lügen bestand, hatte dazu bemerkt: "Der Sieger wird später nicht danach gefragt, ob er die Wahrheit gesagt hat oder nicht."[27].

Und wenn es keinen Gott gäbe, der einmal fragen wird: „Wo ist dein Bruder, wo ist deine Schwester?"[28], keinen Gott, der gesagt hätte: „Was ihr einem meiner geringsten Brüder, einer meiner geringsten Schwester, angetan habt, das habt ihr mir getan"[28]; wenn es also keinen Gott gäbe, dann hätte Hitler mit seiner Behauptung sogar recht gehabt.

Betrachten wir die Lügen unmenschlicher Diktatoren tief genug, dann verstehen wir nur allzu gut, was Jesus meinte, wenn er sagte: „Der Teufel war ein Mörder von Anfang an. Und er steht nicht in der Wahrheit; denn es ist keine Wahrheit in ihm. Wenn er lügt, sagt er das, was aus ihm selbst kommt; denn er ist ein Lügner und ist der Vater der Lüge."[29] Soweit das böse Beispiel.

Die Zehn Gebote positiv gesehen

Andererseits kann man sich vorstellen, wie anders die Welt aussehen würde, wenn die zehn Gebote in Fleisch und Blut der Menschen wären.

„Es gäbe keine Gefahr, sich nächtlich auf die Strasse zu begeben; und man könnte sich ohne Bedenken zu wildfremden Menschen gesellen; und wenn nachts jemand unerwartet an der Tür läutet, könnte man arglos öffnen und den nächtlichen Besucher ungeniert herein bitten. Ja,

---

[27] http://www.welt.de/kultur/article4439020/Allein-Hitler-war-am-Zweiten-Weltkriegschuld.html [28] Gen 4,9

[28] Mt 25,40

[29] Joh 8,44

in der Tat, es wäre ein Leben wie im Märchen, nur schon, wenn dieses eine Gebot mit aller Konsequenz durchgehalten würde.“[30]

Die Zehn Gebote sind, wie gesagt, Leitplanken, aber unser Leben soll sich ja nicht nur entlang der Leitplanken abspielen. Niemand würde auf einer Bergstrasse immer nur am Rand, gleichsam dem Abgrund entlang, wandern. So ist es auch mit dem christlichen Leben. Es soll sich nicht einfach nur am Rande abspielen, so dass ich gleichsam immer frage: Wie weit kann ich gehen, dass es gerade noch keine Sünde ist?

Sünde und Verbrechen

Seltsamerweise werden Verbrechen nicht als Sünde bezeichnet, obwohl gemäss der Bibel zum Beispiel der Mord zu den Hauptsünden zählt. Damit wird allerdings die Sünde furchtbar banalisiert. Wenn man zum Beispiel singen kann: „Wir sind alle kleine Sünderlein“, dann singt man von etwas anderem, aber nicht von der Sünde. Freilich, nicht jede Sünde ist ein Verbrechen, doch jedes Verbrechen eine Sünde, auch wenn das dem Verbrecher nicht bewusst sein sollte.

Jesus ist die Erfüllung des Gesetzes

Jesus ist nun, wie er sagt, nicht“ gekommen, um das Gesetz und diePropheten aufzuheben, sondern um sie zu erfüllen“.[32] Doch was tut er, wenn er sagt: „Ihr habt gehört, dass zu den Alten gesagt worden ist: Du sollst nicht töten; wer aber jemand tötet, soll dem Gericht verfallen sein. Ich aber sage euch: Jeder, der seinem Bruder auch nur zürnt, soll dem Gericht verfallen sein. … Ihr habt gehört, dass gesagt worden ist: Du sollst nicht die Ehe brechen. Ich aber sage euch: Wer eine Frau auch nur lüstern ansieht, hat in seinem Herzen schon Ehebruch mit ihr

[30] Roger Bittel, Umkehr zum Leben, fromm Verlag 2012, S. 90/91

[32] Mt 5,17

begangen. … Ihr habt gehört, dass zu den Alten gesagt worden ist: Du sollst keinen Meineid schwören, und: Du sollst halten, was du dem Herrn geschworen hast. Ich aber sage euch: Schwört überhaupt nicht. … Ihr habt gehört, dass gesagt worden ist: Du sollst deinen Nächsten lieben und deinen Feind hassen. Ich aber sage euch: Liebt eure Feinde und betet für die, die euch verfolgen.“?[31] Was kann das bedeuten?

Radikalisierung und Personalisierung der Gebote

Zum einen ist das sicher eine Radikalisierung. Das liegt daran, dass er die Gebote personalisiert und damit überbietet. Das heisst: „Ihr habt gehört“ tönt allgemein, auch wenn das in der Form gesagt ist, „den Alten wurde gesagt, Du sollst nicht..“. Es tönt trotzdem so im Sinne von: Ihr habt gehört, dass man dieses oder jenes tun oder gerade nicht tun sollte. Wo „man“ etwas tun sollte, da kann man immer noch denken: die andern sollten schliesslich. … So ist es ja geschrieben und so sollte man… Letztlich will aber dann doch niemand dieses „man“ sein. Dazu tönt es noch so nach Tradition. Den Alten wurde gesagt. Aber seither haben sich die Zeiten geändert.

Dagegen lehrt Jesus, dass diese Gebote Gottes keineswegs veraltet sind, sondern jeder und jedem ganz persönlich gesagt sind. Jede und jeden gehen sie ganz persönlich an. Und dann lehrt Jesus als Zweites, wo der Keim der Sünde liegt: im Herzen eines jeden Menschen ist die Sünde da als Keimling, auch wenn dieser Keim noch so versteckt und unscheinbar erscheint. Der Keim der Sünde wäre dann restlos ausgetilgt, wenn jemand ein so reines Herz hat, dass er überhaupt nicht mehr hassen, sondern nur noch lieben kann, und zwar auch die Feinde. Das Töten oder einen anderen fertig machen, ist nicht erst dann vollzogen, wenn man den andern wirklich umgebracht hat, sondern dort

---

[31] Mt 5, 17- 43

schon sitzt der Keim des Tötens, wo man gegen einen anderen einen Groll hegt. Der Ehebruch beginnt in der Begierde des menschlichen Herzens lange bevor er real vollzogen ist. Das Schwören ist deswegen nicht von Gutem, weil das Schwören eine doppelte Wahrheit zur Voraussetzung hat, eine Wahrheit, auf die man schwören kann und eine, mit der man es nicht so genau nehmen muss. „Euer Ja sei ein Ja, euer Nein ein Nein; alles andere ist vom Bösen".[32]

Die Wurzel der Sünde

Gehen wir einen Schritt tiefer, dann kommt uns die Aussage Jesu entgegen: „Aus dem Herzen kommen böse Gedanken, Mord, Ehebruch, Unzucht, Diebstahl, falsches Zeugnis, Lästerung".[33] Das bezeichnet jene Wurzel, aus der heraus die Sünde geschieht, jene Saat, von der Jesus in einem Gleichnis lehrte: „Das Himmelreich gleicht einem Menschen, der guten Samen auf seinen Acker säte. Als aber die Leute schliefen, kam sein Feind und säte Unkraut zwischen den Weizen und ging davon. Als nun die Saat wuchs und Frucht brachte, da fand sich auch das Unkraut. Da traten die Knechte zu dem Hausvater und sprachen: Herr, hast du nicht guten Samen auf deinen Acker gesät? Woher hat er denn das Unkraut? Er sprach zu ihnen: Das hat ein Feind getan".[34]

Die letzte Tiefe der Sünde jedoch, so sagt uns Jesus im Johannesevangelium, besteht im Unglauben, der den Weg der Gnade Gottes ins menschliche Herz hinein blockiert. „Sünde ist", sagt er, „dass sie nicht an mich glauben"[35]. Die Wurzel also, ist der Unglaube, aber nicht einfach der worthafte Unglaube, im Sinne von: „Ich glaube

---

[32] Mt 5,37
[33] Mt 15,19
[34] Mt 13,24-28
[35] Joh 16,9

nicht“, sondern der existentielle Unglaube, jener Unglaube, der aus einer letzten, unbewussten Tiefe aufsteigen kann. In dieser letzten Tiefe steckt neben jedem Glauben-wollen auch ein Stück Unglaube, Misstrauen, Angst. Es ist das, was der Vater eines besessenen Kindes fühlte, als er auf das Wort Jesu: „Alles kann, wer glaubt“ hin sagte: „Ich glaube; hilf meinem Unglauben“[36].

Ein unbewusstes Moment der Sünde

Im Buch „Katholische Dogmatik aus ökumenischer Erfahrung“ schreibt Otto Hermann Pesch: Der eigentliche Glaubensakt „ist als solcher unanschaulich und als solcher stumm ... die Scholastiker sagten, niemand könne von aussen und nicht einmal von innen wissen, ob jemand wirklich glaubt“.[37] Das heisst: Im Glauben oder Unglauben; und entsprechend in der Sünde, ist ein unbewusstes Moment. So wird etwa auch im Psalm 19,13 gebetet: „Wer bemerkt seine eigenen Fehler? Sprich mich frei von Schuld, die mir nicht bewusst ist!“.

Dieses unbewusste Moment kann nun aber, im Umgang mit Jesus Christus, durchaus bewusst oder zumindest geahnt werden. Und dann erkennt der Mensch, dass er im Grunde ein Sünder ist. Oder noch einmal anders gesagt: In der Begegnung mit einem durch und durch und total Liebenden erfährt der Mensch seine mangelnde Liebe. Und er erfährt diese mangelnde Liebe als Schuld. Er ist, so kann man es auch sehen, Liebe schuldig geblieben, wo er hätte Lieben können und lieben sollen.

---

[36] Mk 9,24

[37] Otto Hermann Pesch, „Katholische Dogmatik aus ökumenischer Erfahrung“ (Matthias-Grünewald-Verlag, S. 163

Der kollektive Wurzelgrund

Nun ist aber der Wurzelgrund der Sünde nicht etwas, das dem je Einzelnen allein und persönlich und im Tiefsten seiner Seele eingeschlossen wäre, sondern ist kollektiv. Die Sünde hat nicht nur etwas Unbewusstes, sondern darin, im Unbewussten, auch etwas Kollektives. Im Tiefsten des Menschen ist, wie man das mit Joh 4,14 sagen kann, eine Art Quelle, die von einem Lebensstrom schöpft. Auf alle Fälle sind die Menschen nicht isolierte Einzelne, sondern auch unbewusst miteinander verbunden. So kann etwa Paulus in seinem ersten Brief an die Korinther schreiben: „Wenn darum ein Glied leidet, leiden alle Glieder mit; wenn ein Glied geehrt wird, freuen sich alle anderen mit ihm. Ihr aber seid der Leib Christi und jeder Einzelne ist ein Glied an ihm“.[38] Das gibt dem Ganzen eine ontische Verbundenheit in Schuld und Gnade. „Papst Benedikt XVI., schreibt Kardinal Kurt Koch in seinem Buch „Das Geheimnis des Senfkorns – Grundzüge des theologischen Denkens von Papst Benedikt XVI.“, S. 79, „vergleicht die Erbsünde mit einem ‚Gifttropfen‘ in uns Menschen und spricht von einem schmutzigen Fluss, der die Gestaltung der menschlichen und menschheitlichen Geschichte vergiftet hat und weiterhin vergiftet“.

Wir sind hier also, im innersten und unbewussten geistigen Bereich der Menschen in dem Gebiet, wo die Erbsünde angesiedelt ist. Diese kollektive Schuld heisst nicht nur, und nicht primär, dass jeder Einzelne schuldig geworden ist, sondern, dass jede und jeder auch von fremder Schuld betroffen, beeinflusst und beschädigt ist. Wenn dem aber so ist, dann sind wir auch in dem Gebiet, wo Erlösung stattfinden wird. Damit ist zugleich gesagt, dass Erlösung nur in dem Masse verständlich wird,

---

[38] 1Kor 12,26

als man auch die Sünde in ihrer Tiefe versteht. Wer die Sünde verniedlicht, bagatellisiert ebenso die Erlösung.

Umkehrbewegung: Erlösung

Zwei Beispiele aus der Bibel mögen das Erlösungsgeschehen illustrieren: Im Zweiten Buch der Könige, Kapitel 2, finden wir folgende Begebenheit: Der Prophet Elischa befindet sich in Jericho. Da kommen die Verantwortlichen der Stadt zu ihm und „sagten zu Elischa: Unser Herr sieht, dass man in dieser Stadt gut wohnen kann; nur das Wasser ist ungesund und in der Gegend gibt es viele Fehlgeburten.

Elischa befahl: Bringt mir eine neue Schüssel und schüttet Salz hinein! Man brachte sie ihm und er ging zur Wasserquelle und warf das Salz hinein mit den Worten: So spricht der Herr: Ich mache dieses Wasser gesund. Es wird keinen Tod und keine Fehlgeburt mehr verursachen. Daher ist das Wasser bis zum heutigen Tag gesund, wie es Elischa vorausgesagt hatte“.

Wir können hier gleich mithören, was Jesus den Seinen gesagt hatte: „Ihr seid das Salz der Erde …“[39] mit der Mahnung, dieses Salz nicht schal werden zu lassen.

Das andere Beispiel findet sich im 47. Kapitel des Buchs des Propheten Ezechiel. Ich zitiere es in voller Länge: „Dann führte er [gemeint ist: Gott] mich zum Eingang des Tempels zurück und ich sah, wie unter der Tempelschwelle Wasser hervorströmte und nach Osten floss; denn die vordere Seite des Tempels schaute nach Osten. Das Wasser floss unterhalb der rechten Seite des Tempels herab, südlich vom Altar. Dann

[39] Mt 5,13

führte er mich durch das Nordtor hinaus und ließ mich außen herum zum äußeren Osttor gehen. Und ich sah das Wasser an der Südseite hervorrieseln. Der Mann ging nach Osten hinaus, mit der Messschnur in der Hand, maß tausend Ellen ab und ließ mich durch das Wasser gehen; das Wasser reichte mir bis an die Knöchel. Dann maß er wieder tausend Ellen ab und ließ mich durch das Wasser gehen; das Wasser reichte mir bis zu den Knien. Darauf maß er wieder tausend Ellen ab und ließ mich hindurchgehen; das Wasser ging mir bis an die Hüften. Und er maß noch einmal tausend Ellen ab. Da war es ein Fluss, den ich nicht mehr durchschreiten konnte; denn das Wasser war tief, ein Wasser, durch das man schwimmen musste, ein Fluss, den man nicht mehr durchschreiten konnte. Dann fragte er mich: Hast du es gesehen, Menschensohn? Darauf führte er mich zurück, am Ufer des Flusses entlang. Als ich zurückging, sah ich an beiden Ufern des Flusses sehr viele Bäume. Er sagte zu mir: Dieses Wasser fließt in den östlichen Bezirk, es strömt in die Araba hinab und läuft in das Meer, in das Meer mit dem salzigen Wasser. So wird das salzige Wasser gesund. Wohin der Fluss gelangt, da werden alle Lebewesen, alles, was sich regt, leben können und sehr viele Fische wird es geben. Weil dieses Wasser dort hinkommt, werden die Fluten gesund; wohin der Fluss kommt, dort bleibt alles am Leben. Von En-Gedi bis En-Eglajim werden Fischer am Ufer des Meeres stehen und ihre Netze zum Trocknen ausbreiten. Alle Arten von Fischen wird es geben, so zahlreich wie die Fische im großen Meer. Die Lachen und Tümpel aber sollen nicht gesund werden; sie sind für die Salzgewinnung bestimmt. An beiden Ufern des Flusses wachsen alle Arten von Obstbäumen. Ihr Laub wird nicht welken und sie werden nie ohne Frucht sein. Jeden Monat tragen sie frische Früchte; denn das Wasser des Flusses kommt aus dem Heiligtum. Die Früchte werden als Speise und die Blätter als Heilmittel dienen“.

Jesu Leben und Sterben als seinsmässiges Geschehen

Aus dem kann man schliessen, dass Jesu Leben und Sterben wohl auch, aber nicht nur Vorbildcharakter hat. Jesus ist nicht einfach nur das grosse, menschliche Vorbild oder der grosse Prophet, sondern der Erlöser der Menschheit. Und die Erlösung ist zwar auch, aber nicht nur die Treue Jesu zu Gott und den Menschen bis in den Tod hinein, sondern ein reales Einsinken des Geistes Gottes in den verseuchten Wurzelgrund der menschlichen Seelen und macht diesen untergründigen Strom gesund. Das Gift des Feindes ist dennoch in diesem Quellgrund, aber im am Kreuz vergossenen Blute Jesu Christi ist das Gegengift hineingegeben. Und eben diesem Gegengift kann sich der Mensch bewusst öffnen und seine verwundete Seele heilen lassen.

IV. Die Frage nach der Erlösung

Was werden wir bekommen?

Nach diesem Exkurs in den Bereich der Sünde kommen wir zurück zur Lohnfrage des Petrus: „wir haben alles verlassen und sind dir nachgefolgt. Was werden wir dafür bekommen?“[40] Aber auch hier müssen wir zunächst etwas abschweifen und zwar mit der Frage: Wie kommt man aus dem Bereich der Sünde heraus? Oder besser: Wie eignet man sich die Erlösung an, da ja Jesus Christus für alle gestorben

[40] Mt 19,27

ist,[41] so dass es allen angeboten ist, sich hier und jetzt in den Lichtkreis der Erlösung zu begeben? Doch wie tut man das?

Diese Frage steht auch im Hintergrund des Gleichnisses von Lazarus und dem reichen Prasser. [42] Hier interessiert uns vor allem der Schlussdialog des reichen Prassers mit Abraham. Der Reiche ruft zu Abraham: „Vater Abraham, hab Erbarmen mit mir und schick Lazarus zu mir; er soll wenigstens die Spitze seines Fingers ins Wasser tauchen und mir die Zunge kühlen, denn ich leide große Qual in diesem Feuer. Abraham erwiderte: Mein Kind, denk daran, dass du schon zu Lebzeiten deinen Anteil am Guten erhalten hast, Lazarus aber nur Schlechtes. Jetzt wird er dafür getröstet, du aber musst leiden. Außerdem ist zwischen uns und euch ein tiefer, unüberwindlicher Abgrund, sodass niemand von hier zu euch oder von dort zu uns kommen kann, selbst wenn er wollte. Da sagte der Reiche: Dann bitte ich dich, Vater, schick ihn in das Haus meines Vaters! Denn ich habe noch fünf Brüder. Er soll sie warnen, damit nicht auch sie an diesen Ort der Qual kommen. Abraham aber sagte: Sie haben Mose und die Propheten, auf die sollen sie hören. Er erwiderte: Nein, Vater Abraham, nur wenn einer von den Toten zu ihnen kommt, werden sie umkehren. Darauf sagte Abraham: Wenn sie auf Mose und die Propheten nicht hören, werden sie sich auch nicht überzeugen lassen, wenn einer von den Toten aufersteht".

„Orte" des Erlösungsgeschehens

a) die Bibel

Gemäss den Worten Christi führt also der Weg in das Erlösungsgeschehen durch die Offenbarung Gottes, so wie sie ihren

---

[41] Vgl. 2 Kor 5,15

[42] Lk 16,19-31

Niederschlag in der Bibel gefunden hat. Dabei handelt es sich bei der Offenbarung freilich nicht um Worte, Sätze oder Bücher, die vom Himmel gefallen wären oder um von einem himmlischen Boten diktierte Texte, sondern um geschichtliche Ereignisse, in denen die Menschen das Wirken Gottes erkannten. Die Erzählungen darüber gingen weiter und wurden irgendwann später schriftlich festgehalten. Damit ist die Heilige Schrift die Deutung und die Verschriftlichung von Ereignissen. Sie ist Wort Gottes und Antwort des Menschen, Erfahrung und Reaktion darauf, Ereignis und Interpretation.

b) in kirchlicher Auslegung

Gerade diese Notwendigkeit zur Interpretation war es denn auch, welche zu heftigen Diskussionen bei den damaligen Pharisäern und zwischen Jesus und den Pharisäern und Schriftgelehrten führte. Da Jesus Christus die Erfüllung der Schrift ist, das Wort Gottes überhaupt, ist und bleibt er massgebend für deren Auslegung. Dieses Massgebende hat Jesus nach seiner Auferstehung Petrus in die Hände gegeben, so in Joh 21,17 mit den Worten: „Weide meine Schafe". Man kann auch sagen: Die Auslegung der Schrift ist damit an das Petrusamt gebunden, was auch bedeutet, dass sie mit dem Petrusamt weitergeht. Entsprechend hat denn auch das Zweite Vatikanische Konzil in der Konstitution „Dei verbum" festgehalten, die Bibel sei eine wahre göttliche Pädagogik, welche, „was die Art der Schriftauslegung betrifft, ... letztlich dem Urteil der Kirche untersteht".[43] Das ist an sich konsequent, da ja nach christlichem Verständnis das Alte Testament im Lichte des Evangeliums zu lesen ist und das Evangelium uns von der Kirche gegeben wurde und nicht umgekehrt.

---

[43] DV 15; 12

c) Apostolische Auslegung

Doch damit haben wir schon etwas vorgegriffen. Kehren wir zurück in die Apostelzeit. Da wird uns in Apg 8,30 berichtet: „Ein Engel des Herrn sagte zu Philippus: Steh auf und zieh nach Süden auf der Straße, die von Jerusalem nach Gaza hinabführt. Sie führt durch eine einsame Gegend. Und er brach auf. Nun war da ein Äthiopier, ein Kämmerer, Hofbeamter der Kandake, der Königin der Äthiopier, der ihren ganzen Schatz verwaltete. Dieser war nach Jerusalem gekommen, um Gott anzubeten, und fuhr jetzt heimwärts. Er saß auf seinem Wagen und las den Propheten Jesaja. Und der Geist sagte zu Philippus: Geh und folge diesem Wagen. Philippus lief hin und hörte ihn den Propheten Jesaja lesen. Da sagte er: Verstehst du auch, was du liest? Jener antwortete: Wie könnte ich es, wenn mich niemand anleitet? Und er bat den Philippus, einzusteigen und neben ihm Platz zu nehmen. Der Abschnitt der Schrift, den er las, lautete: Wie ein Schaf wurde er zum Schlachten geführt; und wie ein Lamm, das verstummt, wenn man es schert, so tat er seinen Mund nicht auf. In der Erniedrigung wurde seine Verurteilung aufgehoben. Seine Nachkommen, wer kann sie zählen? Denn sein Leben wurde von der Erde fortgenommen. Der Kämmerer wandte sich an Philippus und sagte: Ich bitte dich, von wem sagt der Prophet das? Von sich selbst oder von einem anderen? Da begann Philippus zu reden und ausgehend von diesem Schriftwort verkündete er ihm das Evangelium von Jesus“.

Wir erkennen also auch hier, dass die Bibel der kundigen Auslegung durch die Apostel und deren Nachfolger bedarf. Wenn man die Bibel zum Beispiel wie eine Landschaft betrachtet, dann kann man sie durchwandern, da und dort Neues entdecken, sich von gewissen Höhen oder Tiefen besonders ansprechen lassen, einem Begleiter erzählen, was man sieht und entdeckt, das alles darf man unverbindlich tun. Bleibt man indessen oberflächlich am Wort kleben ohne den Gesamthintergrund miteinzubeziehen, dann kann man, wie es Otto Hermann Pesch in seiner Dogmatik warnt, mit der Bibel alles beweisen und dessen Gegenteil gerade auch noch. Geht es jedoch, bildlich gesprochen darum, die eigentlichen Gesteinsschichten, das Klima, die genaueren Umstände, das soziale Umfeld und so fort zu erkunden, dann bedarf es zunächst der Arbeit von Fachleuten und dann vor allem einer Führung. Nun ist freilich die Wanderung durch die Bibel eine Wanderung im geistigen, spirituellen Gebiet. Entsprechend will die Bibel „als Einladung zum Glauben gelesen werden und nicht als interessantes religionsgeschichtliches Dokument“ [44] und braucht deshalb eine geistige, spirituelle Führung, eine Führung im Heiligen Geist durch das Lehramt der Kirche.

d) die Worte Christi

Ein Zweites um sich hier und jetzt in den Lichtkreis der Erlösung zu begeben sind die Worte Jesu Christi. Auf dem Berg der Verklärung, als Jesus die drei Apostel Petrus, Jakobus und Johannes mit auf einen Berg nahm, sich vor ihren Augen in eine Lichtgestalt wandelte und mit Mose und Elija redete, da wurden die verängstigten Apostel von einer Wolke überschattet und aus der Wolke sprach die Stimme Gottes: „Das ist mein geliebter Sohn, an dem ich Gefallen gefunden habe; auf ihn sollt ihr hören“.[45] Der erschrockene Petrus hatte unmittelbar vorher gesagt: „Herr, es ist gut, dass wir hier sind. Wenn du willst, werde ich hier drei Hütten bauen, eine für dich, eine für Mose und eine für Elija“. In dieser für ihn unheimlichen Situation wollte er etwas tun, was ihm vertraut war, wollte, da ihm gleichsam der Boden unter den Füssen weggezogen wurde, heimatlichen Boden zurückgewinnen, die Flucht zurück ins

[44] Pesch, aaO. S. 247

[45] Mt 17,5

Vertraute. Und eben da riss ihn Jesus nochmals zurück in seine Sendung hinein: Er fasste sie an und sagte: „Steht auf, habt keine Angst! Und als sie aufblickten, sahen sie nur noch Jesus. Während sie den Berg hinabstiegen, gebot ihnen Jesus: Erzählt niemand von dem, was ihr gesehen habt, bis der Menschensohn von den Toten auferstanden ist".

e) von der Auferstehung her gedeutet

Sie müssen zurück in den Alltag und sollen von dem, was sie erfahren hatten, schweigen. Es ist seltsam, dass Jesus, der sonst die Jünger aussendet, die frohe Botschaft vom Reich Gottes zu verkünden, den drei Aposteln befiehlt, sie sollen über das Gesehene, mithin das allerwichtigste der Botschaft Christi, schweigen. Jedoch: sie sollen nicht für immer schweigen, sondern nur solange, bis sich alles erfüllt hat, bis Christus von den Toten auferstanden ist. Das mag bedeuten, dass man von Jesus Christus erst dann richtig und mit vollem Recht spricht, wenn man von seiner Auferstehung ausgeht. Ein nur historisch betrachteter Jesus ist nicht der eigentliche, auch historisch reale Jesus, den der Glaube meint. Dass, zum Beispiel, der Mann aus Nazareth am Kreuz der Sohn Gottes ist, das kann die historisch kritische Methode nicht entscheiden. – Ein historischer Bericht mag präzise sein wie ein Foto. Doch was ein Foto nicht leisten kann, ist das Mitreissen ins Geschehen hinein. Ein Foto hält etwas fest, einen Augenblick nur, eine Momentaufnahme, die gleichsam auf einem Blatt Papier erstarrt. Das Geschehen von Jesus Christus will jedoch weitergehen. Man soll es nicht festhalten wollen. Als Petrus bei der Verklärung Christi auf dem Tabor drei Hütten bauen wollte, wusste er nicht, was er sagte, lehrt das Evangelium. Und als Maria von Magdala den Auferstandenen umarmen wollte, sagte dieser zu ihr: „Halte mich nicht fest". Das Evangelium, so kann man also festhalten, wurde aufgeschrieben, damit wir in es hinein gehen können, in ihm leben und aus diesem Leben heraus unseren Alltag gestalten. Die eigentliche Bedeutung des Sohnes Gottes ist nur von der Auferstehung her wenigstens ahnungsweise verständlich. Wer von Jesus weniger als vom Auferstandenen her denkt, denkt zu kurz. Erst, wer sich von ihm den irdischen Boden wenigstens einen Moment lang unter den Füssen wegziehen lässt und einen Blick in eine Unendlichkeit hinein wagt, findet den eigentlich Auferstandenen.

f) Der Dreifaltige im Innersten der Seele

Das Finden des Auferstandenen geht jedoch weiter als nur über das Hören. Ihn zu hören bedeutet einerseits seine Botschaft zu vernehmen, von ihm Orientierung, Wegweisung zu erhalten, andererseits führt aber dieses Wort Jesu viel tiefer, in eine Tiefe, in die eben nur Gott hineinkommt. Das Johannesevangelium berichtet uns dazu das

Folgende: Jesus sagt: „Wenn jemand mich liebt, wird er an meinem Wort festhalten; mein Vater wird ihn lieben und wir werden zu ihm kommen und bei ihm wohnen“.[46] Hier zeigt sich die eigentliche Tiefe des Offenbarungsgeschehens, das nämlich, dass der Schöpfergott, der das Leben spendet und erhält, und das Wort Gottes, Jesus Christus, im Heiligen Geist im Innersten der menschlichen Seele wohnt. Der Mensch hat dann das Wort Gottes als inneres Wort in sich, als Wort, das sich in Ahnungen, Intuitionen, Stimmung auswirkt, und das, wenn es mit dem entsprechenden äusseren Wort gekoppelt wird, aufleuchtet, einsichtig wird, froh und frei macht. „Wenn ihr in meinem Wort bleibt, seid ihr wirklich meine Jünger. Dann werdet ihr die Wahrheit erkennen und die Wahrheit wird euch befreien“.[47]

---

[46] Joh 14,23

[47] Joh 8,32

g) Das innere Wort Gottes

Das bedeutet auch: Wer dieses Wort Gottes in sich hat, wird auch erkennen können, welche Worte wirklich Wahrheit übermitteln und welche nicht. Er hat in sich einen Kompass, der die rechten Worte sehr genau von falschen unterscheiden kann. Nochmals das Johannesevangelium: Der Hirt „ruft die Schafe, die ihm gehören, einzeln beim Namen und führt sie hinaus. Wenn er alle seine Schafe hinausgetrieben hat, geht er ihnen voraus, und die Schafe folgen ihm; denn sie kennen seine Stimme. Einem Fremden aber werden sie nicht folgen, sondern sie werden vor ihm fliehen, weil sie die Stimme des Fremden nicht kennen“.[48]

Wenn das nun schon für die nachfolgenden Generationen gilt, wie viel mehr dann für die Apostel, die täglich Umgang mit Jesus Christus hatten. Wenn also die Evangelien dreissig bis sechzig Jahre später aufgeschrieben wurden, heisst das nicht, dass sie nicht mehr Wort Gottes wären oder nicht mehr die Lehre Christi, sein Leben und sein Handeln, echt und wahr zum Ausdruck bringen würden. Man ist versucht zu sagen: Im Gegenteil, sie sind bereits die Frucht eines tieferen Eindringens in die Worte Jesu Christi. Das gilt vor allem für das Johannesevangelium. Ausserdem muss man sagen, dass da dreissig Jahre nach Christi Tod und Auferstehung nicht einfach irgendwelche Begebenheiten aus der Luft gegriffen, sondern das wahre Leben und Wirken Jesu aufgeschrieben wurde, so wie es durch die mündliche und zum Teil auch schon schriftliche Weitergabe auf sie zugekommen ist.

---

[48] Joh 10,4f

Zum Beispiel Paulus

Der Apostel Paulus ist ein typisches Beispiel dazu. Seine Schriften sind ja die frühesten des neuen Testamentes. Es sind Briefe, in denen er schreibt: „vor allem habe ich euch überliefert, was auch ich empfangen habe: Christus ist für unsere Sünden gestorben, gemäß der Schrift, und ist begraben worden. Er ist am dritten Tag auferweckt worden, gemäß der Schrift, und erschien dem Kephas, dann den Zwölf".[52] Paulus, der von sich schreiben konnte: „nicht mehr ich lebe, sondern Christus lebt in mir. Soweit ich aber jetzt noch in dieser Welt lebe, lebe ich im Glauben an den Sohn Gottes, der mich geliebt und sich für mich hingegeben hat",[49] hatte sehr genau unterscheiden können, was der Lehre Christi und entsprechend dem Glauben entspricht. Von daher ist er wie ein Gütesiegel für die Worte des Evangeliums. Dadurch, dass er das innere Wort Gottes empfangen hatte, hatte er einen Massstab, einen Kompass gleichsam, für das äussere, von den Aposteln verkündete Wort.

h) Das Weitergehen des Wortes Gottes in der kirchlichen Tradition

Jesus hatte den Aposteln gesagt: „Wer euch hört, der hört mich, und wer euch ablehnt, der lehnt mich ab; wer aber mich ablehnt, der lehnt den ab, der mich gesandt hat".[50] Und nun ergibt sich natürlich die Frage: Gilt das nur für die gerade damals lebenden Apostel? Ist der Tod des letzten Apostels auch gerade noch das Verstummen der Stimme Christi? Hat Christus dann seine Herde verlassen und den Heiligen Geist von ihr abgezogen? Hat das Wort Jesu an Petrus: „Weide meine

[49] Gal 2,20
[50] Lk 10,16

Schafe" mit dem Tod des Petrus unter Kaiser Nero seine Gültigkeit verloren? Oder geht der Petrusdienst der Geschichte entlang weiter?

Wenn es denn wahr ist, was Jesus sagte, nämlich: „Seid gewiss: Ich bin bei euch alle Tage bis zum Ende der Welt",[51] dann wird man mit Recht annehmen, dass die Zusagen an die Apostel auch deren Nachfolgern gelten wird, dass es also jene, von denen Jesus sagt: „Wer euch hört, hört mich", bis zum Ende der Welt geben wird und dass ebenso der Petrusdienst bis zum Ende der Geschichte bestehen bleibt.

So kann man sagen: die Offenbarung Gottes ereignet sich genauso kontinuierlich wie die Schöpfung, d.h. so wie die Schöpfung weitergeht, so geht auch die Offenbarung von Generation zu Generation weiter. Das heisst nicht, dass zur Offenbarung Jesu Christi Neues hinzukäme, sondern dass jede Generation und jede Zeit neu herausgefordert ist, die Offenbarung Gottes ins Leben hinein zu übersetzen.

i) Der Leib Christi in der heiligen Kommunion

Aber diese Beziehung zu Christus, dieses Erlösungsgeschehen, geht noch tiefer. Hierzu betrachten wir nun Jesus mit den Aposteln im Abendmahlssaal am Donnerstag vor dem Pascha. Ein letztes Mal, vor seinem Sterben, wollte Jesus mit den Seinen das Passamahl halten. Doch es war dieses Mal nicht eine übliche Mahlzeit. Es war nicht wie eine der zahlreichen Mahlzeiten mit angesehenen Pharisäern oder mit Zöllnern und Sündern. Dieses Mahl ist ein Testament, Jesu Vermächtnis. Denn während des Mahls nahm er das Brot, dankte, brach es, gab es den Aposteln und sprach: „Das ist mein Leib, der für euch gegeben wird; das tut zu meinem Gedächtnis".[52] ‚Das ist mein Leib, das

---

[51] Mt 28,20
[52] Lk 22,19

ist mein Blut' hat er bei keinem anderen Mahl und nirgendwo sonst gesagt ausser hier im Abendmahlssaal angesichts seines bevorstehenden Opfers am Altar des Kreuzes. Hier nimmt Jesus sein Opfer bereits voraus und setzt es gegenwärtig. Und indem er sagte: Tut dies zu meinem Gedächtnis, sagte er: setzt auch ihr dieses eine Opfer in Zukunft immer wieder in eure Gegenwart und gebt euch in dieses Opfer hinein. Man kann dieses, also sich ins Opfer Christi in der Eucharistiefeier eingeben, mit den Worten des Psalms 40,7-9 tun: „An Schlacht- und Speiseopfern hast du kein Gefallen, Brand- und Sündopfer forderst du nicht. Doch das Gehör hast du mir eingepflanzt; darum sage ich: Ja, ich komme. … Deinen Willen zu tun, mein Gott, macht mir Freude, deine Weisung trag ich im Herzen".

k) Die reale und seinsmässige Verbindung mit Christus

Damit geschieht es nun in der Nachfolge Christi, dass der Auferstandene real und seinsmässig, sich mit dem Glaubenden verbindet. Er nimmt den Glaubenden in seinen Auferstehungsleib hinein; und da der Auferstehungsleib der verklärte Leib Christi ist, wird auch der kommunizierende Mensch in dieses Verklärungsgeschehen hinein genommen, das heisst letztlich: in den Tod und die Auferstehung Jesu Christi. Die Kirchenväter haben sich nicht gescheut, diesen Prozess eine Vergöttlichung zu nennen. Das heisst: der Mensch erhält durch Christus die Teilhabe an seinem göttlichen Leben.

Je näher nun jemand Christus ist oder besser: Je mehr jemand Christus in und durch sich wirken lässt, umso mehr wird er auch zum Heil für die Mitmenschen. Er tritt ins Erlösunsgeschehen ein und wirkt darin aktiv mit. Er wird, wie Paulus sagt, „Mitarbeiter Gottes".[53] Er wird das Gebot Christi beachten, das da sagt: „Segnet, die euch verfluchen; betet

---

53 1Kor 3,9

für die, die euch misshandeln".[54] Aber mehr noch: Er muss sein Heil nicht privat und für sich allein erwirken, darf es auch gar nicht, sondern ist in eine Gemeinschaft eingebettet, die Christus zu ihrer Mitte hat.

Hier muss man also, weil von der Erlösung die Rede ist, das Individuelle aufbrechen. Das Erlösungsgeschehen ist wohl auch, aber nicht nur die personale Beziehung des je Einzelnen zu Gott Vater durch Christus im Heiligen Geist, sondern auch ein Geschehen der Gemeinschaft, konkret: der Kirche. Die Kirche ist im Vergleich zum Volk Gottes des Ersten Bundes das Volk Gottes des Neuen Bundes. Aber sie ist nicht Volk Gottes im rein soziologischen Sinne, sondern Volk Gottes als Leib Christi. Insofern hat sie ihre Verfassung von Christus her.

l) Kirche: mit Gott verbündet sein zum Heil für die Menschen

Die Kirche ist zunächst einmal die Gemeinschaft jener, die heute berufen sind, die Mitmenschen in die Heilsgemeinschaft hinein zu nehmen, mehr aber noch und vor allem ist sie die Gemeinschaft der schon vollendeten Heiligen. „Denn", so sagt es das Konzilsdokument über die Kirche, Lumen Gentium, „wie die christliche Gemeinschaft der Erdenpilger uns näher zu Christus hinführt, so verbindet uns die Gemeinschaft mit den Heiligen mit Christus, aus dem als Quelle und Haupt jede Gnade und das Leben des Gottesvolkes selbst hervorströmen".[55]

Diese Verbindung mit Christus ist mit der Gottesmutter und Jungfrau Maria die denkbar intensivste. Niemand ist mit einem Menschen intensiver verbunden als dessen Mutter mit ihm. Nun hat die kirchliche Tradition ein Gebet hervorgebracht, dass den Menschen mit Maria verbindet und so, gleichsam mit den Augen Mariens auf Jesus Christus

---

[54] Lk 6,28

[55] LG 50

schaut, nämlich das Rosenkranzgebet. Daneben und dazu kennt die Kirche verschiedene Andachten zu und mit Maria, Wallfahrtsorte, Lourdesgrotten und so fort.

So lässt sich die Frage, wie man sich die Erlösung, die allen angeboten ist, aneignet, so zusammenfassen: Die heilige Kirche gibt uns alle Mittel in die Hand, dieses zu tun: im Wort der Schrift, in der Verkündigung der Worte und Taten Christi, in den Gottesdiensten, in ihren Sakramenten, in ihrer Fürbitte, in der Gemeinschaft ihrer Heiligen. Das alles ist sinnenhaft, gefühlsmässig und gemeinschaftlich erfahrbar.

V. Das Apostelkollegium

Zurück zu Petrus in der Beziehung zu Jesus

Damit kehren wir nun zurück zur Geschichte des Petrus in der Beziehung zu Jesus. Wir haben davon schon erfahren, wie Petrus berufen wurde, nämlich durch die Vermittlung seines Bruders Andreas aus dem Johanneskreis, wie Petrus dann beim wunderbaren Fischzug erschrak und sich als Sünder bezeichnete. Das hat uns dazu geführt, uns zu fragen: Was heisst eigentlich Sünde und wie gelangt man davon los in den Lichtkreis der Erlösung, denn von der Sünde zu sprechen heisst immer auch, von der Erlösung zu sprechen, will man nicht einfach mit der reinen Aussichtslosigkeit des Menschen zum Heil stehen bleiben. Wir gehen nun mit Jesus und Petrus und den anderen Jüngerinnen und Jünger weiter.

Ein Stimmungsbild

Ein kleines Stimmungsbild mag einen Einblick geben, wie die Jünger mit Jesus im Heiligen Lande wanderten und wirkten. Ich lese Markus 1,21-39: „Sie kamen nach Kafarnaum. Am folgenden Sabbat ging er in die Synagoge und lehrte. Und die Menschen waren sehr betroffen von seiner Lehre; denn er lehrte sie wie einer, der Vollmacht hat, nicht wie die Schriftgelehrten. In ihrer Synagoge saß ein Mann, der von einem unreinen Geist besessen war. Der begann zu schreien: Was haben wir mit dir zu tun, Jesus von Nazareth? Bist du gekommen, um uns ins Verderben zu stürzen? Ich weiß, wer du bist: der Heilige Gottes. Da befahl ihm Jesus: Schweig und verlass ihn! Der unreine Geist zerrte den Mann hin und her und verließ ihn mit lautem Geschrei. Da erschraken alle und einer fragte den andern: Was hat das zu bedeuten? Hier wird mit Vollmacht eine ganz neue Lehre verkündet. Sogar die unreinen Geister gehorchen seinem Befehl. Und sein Ruf verbreitete sich rasch im ganzen Gebiet von Galiläa.

Sie verließen die Synagoge und gingen zusammen mit Jakobus und Johannes gleich in das Haus des Simon und Andreas. Die Schwiegermutter des Simon lag mit Fieber im Bett. Sie sprachen mit Jesus über sie, und er ging zu ihr, fasste sie an der Hand und richtete sie auf. Da wich das Fieber von ihr und sie sorgte für sie. Am Abend, als die Sonne untergegangen war, brachte man alle Kranken und Besessenen zu Jesus. Die ganze Stadt war vor der Haustür versammelt, und er heilte viele, die an allen möglichen Krankheiten litten, und trieb viele Dämonen aus. Und er verbot den Dämonen zu reden; denn sie wussten, wer er war.

In aller Frühe, als es noch dunkel war, stand er auf und ging an einen einsamen Ort, um zu beten. Simon und seine Begleiter eilten ihm nach, und als sie ihn fanden, sagten sie zu ihm: Alle suchen dich. Er antwortete: Lasst uns anderswohin gehen, in die benachbarten Dörfer, damit ich auch dort predige; denn dazu bin ich gekommen. Und er zog durch ganz Galiläa, predigte in den Synagogen und trieb die Dämonen aus“.

Verkündigung des Reiches Gottes als Mitte des Wirkens Jesu

Wir haben hier also einen Einblick in den Alltag Jesu und seiner Jünger. Jesus lehrt an den Sabbaten in einer Synagoge, er heilt Kranke ohne jedoch eine Praxis zu eröffnen oder sich daran irgendwie zu bereichern, sei es finanziell oder prestigemässig. Mit seinen Heilungen zieht er begreiflicherweise sehr viele Menschen an. Wer krank ist will ja gesund werden und sucht sich die Gesundheit, dort, wo er sie angeboten erhält. So sammeln sich denn immer wieder Scharen von Menschen um Jesus und seine Jünger, begleiten ihn wohl auch, sind neugierig darauf, was so geschieht, erfahren Hoffnung und Zuversicht. Der Alltag erhält plötzlich einen ungeahnten Schwung. Jesus heilt Besessene, bricht das Böse, richtet die Menschen in Wort und Tat wieder auf, öffnet den Horizont auf mehr Leben hin, gibt ihm, dem Leben, Sinn und Kraft und holt sogar Tote ins Leben zurück. Doch alles das ist für ihn nicht die Hauptsache. Das Wichtigste ist für ihn seine Sendung: Er ist gekommen, die Botschaft vom Reich Gottes zu verkünden und die Menschen in eben dieses Reich Gottes einzuladen und hinzuführen.

Denn, sagt er, „Was nützt es einem Menschen, wenn er die ganze Welt gewinnt, dabei aber sich selbst verliert und Schaden nimmt?“[56] Dabei zeigt er unmissverständlich, wo das Reich Gottes zu finden ist, nämlich im vertrauten Umgang mit Gott, dem Vater im Heiligen Geist.

[56] Lk 9,25

Die Organisation der Jüngerschaft: Die Wahl der Apostel

Und eines Tages kommt ein neuer Zug in die Bewegung. Jesus beginnt gleichsam, seine Jünger zu organisieren. Der Evangelist Lukas berichtet uns das Folgende: „In diesen Tagen ging er auf einen Berg, um zu beten. Und er verbrachte die ganze Nacht im Gebet zu Gott. Als es Tag wurde, rief er seine Jünger zu sich und wählte aus ihnen zwölf aus; sie nannte er auch Apostel: Simon, dem er den Namen Petrus gab, und sein Bruder Andreas, dazu Jakobus und Johannes, Philippus und Bartholomäus, Matthäus und Thomas, Jakobus, der Sohn des Alphäus, und Simon, genannt der Zelot, Judas, der Sohn des Jakobus, und Judas Iskariot, der zum Verräter wurde“.[57]

Apostel bedeutet „der Gesandte“. Die Wahl von Aposteln bedeutet zum einen, dass diese so gewählten Menschen den Sinn ihres Lebens in Zukunft darin sehen werden, das Reich Gottes zu verkünden und zwar mit ihrer ganzen Existenz, in Wort und Tat. Das bedeutet mehr, als einen Beruf zu haben. Es bedeutet eine Berufung zu haben, die den Menschen ganz in Anspruch nehmen wird, so, dass er um eben dieses „Himmelreiches willen“[58] eheunfähig, und entsprechend auf Sexualität und Ehe verzichten wird, zum anderen bedeutet dies, dass Jesus ihnen, den Berufenen, Anteil an seiner eigenen Sendung gibt. „Wer euch hört, hört mich“, sagte er.

Als Vertreter des Volkes Gottes

Als Zweites fällt auf, dass er zwölf wählte, für jeden Stamm des Volkes Israel einen Vertreter. Damit ist zugleich gesagt, dass Jesus seine

---

[57] Lk 6,13-16
[58] Mt 19,12

Sendung darin erblickt, das Volk Israel in sein Dasein als auserwähltes Volk heimzuholen. Gott hat mit dem Volk Israel einen Bund geschlossen und will, dass dieses Volk den Bund hält, das heisst Gottes Verbündeter sei für das Heil der Welt. Was das bedeutet werden wir später bedenken.

Der Fels und die Donnersöhne

Petrus wurde, wie schon erwähnt, von seinem Bruder Andreas, aus dem Kreis um Johannes dem Täufer, zu Jesus geführt. Petrus hatte damals wohl einen Fischereibetrieb, wobei sein Bruder Andreas und die beiden Söhne des Zebedäus, Jakobus und Johannes, seine Mitarbeiter waren. Petrus hatte offensichtlich eine natürliche Autorität innerhalb des Jüngerkreises. Gemäss dem Wort, dass die Gnade auf der Natur aufbaue, wurde diese natürliche Autorität von Jesus darin anerkannt und bestärkt, dass er Petrus den Felsen nannte. Jakobus und Johannes wurden von Jesus auch die „Donnersöhne" genannt, [59] was Rückschlüsse auf ihr Temperament ziehen lässt. Das Lukasevangelium gibt uns auch ein kleines Muster dazu: „Als die Zeit herankam, in der er aufgenommen werden sollte, entschloss sich Jesus, nach Jerusalem zu gehen. Und er schickte Boten vor sich her. Diese kamen in ein samaritisches Dorf und wollten eine Unterkunft für ihn besorgen. Aber man nahm ihn nicht auf, weil er auf dem Weg nach Jerusalem war. Als die Jünger Jakobus und Johannes das sahen, sagten sie: Herr, sollen wir befehlen, dass Feuer vom Himmel fällt und sie vernichtet? Da wandte er sich um und wies sie zurecht. Und sie gingen zusammen in ein anderes Dorf". [60] Ein anderes Beispiel ist dieses: „Jakobus und Johannes, die Söhne des Zebedäus, traten zu Jesus und sagten: Meister, wir möchten, dass du uns eine Bitte erfüllst. Er antwortete: Was soll ich

[59] Mk 3,17
[60] Lk 9,51-56

für euch tun? Sie sagten zu ihm: Lass in deinem Reich einen von uns rechts und den andern links neben dir sitzen. Jesus erwiderte: Ihr wisst nicht, um was ihr bittet. Könnt ihr den Kelch trinken, den ich trinke, oder die Taufe auf euch nehmen, mit der ich getauft werde? Sie antworteten: Wir können es. Da sagte Jesus zu ihnen: Ihr werdet den Kelch trinken, den ich trinke, und die Taufe empfangen, mit der ich getauft werde. Doch den Platz zu meiner Rechten und zu meiner Linken habe nicht ich zu vergeben; dort werden die sitzen, für die diese Plätze bestimmt sind. Als die zehn anderen Jünger das hörten, wurden sie sehr ärgerlich über Jakobus und Johannes".[61] Dieses Beispiel zeigt uns, dass es Spannungen bereits in der allerersten Gemeinschaft um Jesus gab und dass das Evangelium eben diese Spannungen nicht verschweigt.

Philippus, Natanael (Bartimäus), Thomas, Judas Thaddäus, Simon

Doch gehen wir weiter. Am Tage nach der Begegnung Jesus mit Petrus „traf er Philippus. Und Jesus sagte zu ihm: Folge mir nach! Philippus war aus Betsaida, dem Heimatort des Andreas und Petrus. Philippus traf Natanaël und sagte zu ihm: Wir haben den gefunden, über den Mose im Gesetz und auch die Propheten geschrieben haben: Jesus aus Nazareth, den Sohn Josefs. Da sagte Natanaël zu ihm: Aus Nazareth? Kann von dort etwas Gutes kommen? Philippus antwortete: Komm und sieh".[62] Natanael wird in der Liste der Apostel genauer bezeichnet, nämlich als Bar-Tolomai, d.h. Sohn des Tholomäus. Man könnte innerhalb der Apostelliste ausführlicher formulieren: Philip und Natanael, der Sohn des Tholomäus. Er war vermutlich ein Schüler der Gesetzeslehrer – heute würde man vielleicht sagen: ein Jurastudent – und entsprechend ist denn auch Nazareth für ihn ein kleines Provinznest im Vergleich

---

[61] Mk 10,35-41

[62] Joh 1,43-47

zum grossen und bedeutenden Jerusalem. Kann aus einem solchen Provinznest überhaupt etwas Gutes kommen? Man spürt hier den Hochmut eines Intellektuellen. Thomas hat sich wegen seiner realistischen und menschlich vernünftigen Antwort auf die Auferstehungsbotschaft: „Wenn ich nicht sehe, glaube ich nicht“ den Beinamen „der ungläubige“ eingefangen, obwohl er alles andere als ungläubig war. Er war mit gutem Recht einfach skeptisch. Mit Judas Thaddäus und Simon, dem Zeloten haben wir im Apostelkollegium zwei Zeloten. Das ist insofern bedeutsam, als die Zeloten eingefleischte Feinde der Römer und der jüdischen Kollaborateure waren. Ja, die Gruppe der Sikarier (Dolchmänner; sica = der Dolch) ging sogar so weit, einzelne politische Gegner oder Kollaborateure durch hinterhältige Morde zu beseitigen. Jüdische Zöllner, zum Beispiel, waren solche Todfeinde, denen die Zeloten ans Leben gehen konnten.

Matthäus, der Zöllner

Und nun geschieht das Folgende: Als Jesus mit seinen Jüngern unterwegs war, „sah er einen Mann namens Matthäus am Zoll sitzen und sagte zu ihm: Folge mir nach! Da stand Matthäus auf und folgte ihm. Und als Jesus in seinem Haus beim Essen war, kamen viele Zöllner und Sünder und aßen zusammen mit ihm und seinen Jüngern. Als die Pharisäer das sahen, sagten sie zu seinen Jüngern: Wie kann euer Meister zusammen mit Zöllnern und Sündern essen? Er hörte es und sagte: Nicht die Gesunden brauchen den Arzt, sondern die Kranken. Darum lernt, was es heißt: Barmherzigkeit will ich, nicht Opfer. Denn ich bin gekommen, um die Sünder zu rufen, nicht die Gerechten“.[63]

Es zeigt sich hier, dass in der Gemeinschaft, die Jesus in ihrer Mitte hat, Feindschaften aufgelöst werden. Zöllner und Zeloten leben miteinander. Das erinnert an Jes 11,6: „Dann wohnt der Wolf beim

[63] Mk 9,9-13

Lamm, der Panther liegt beim Böcklein. Kalb und Löwe weiden zusammen, ein kleiner Knabe kann sie hüten. Kuh und Bärin freunden sich an, ihre Jungen liegen beieinander. Der Löwe frisst Stroh wie das Rind". Wo immer später in der Gemeinschaft der Christen, Spaltungen aufkommen, wird das ein deutlicher Hinweis dazu sein, dass Christus, die eigentliche Mitte, irgendwie an den Rand gedrängt wurde. Damit ist auch gesagt, dass eine Erneuerung der Kirche, die immer nötig sein wird, und eine Neuevangelisierung nicht in einer Strukturreform bestehen können, sondern in der Umkehr zu Jesus Christus im persönlichen und gemeinsamen Gebet.

Judas Iskariot

Doch auch dann noch, wenn Jesus in der Mitte einer Gemeinschaft ist, besteht noch keine Garantie dafür, dass nicht doch der eine oder andere ausschert. So sagte Jesus nach der Brotvermehrung an jener Stelle, da er die Zwölf fragte: Wollt auch ihr gehen, also in Johannes 6,70: „Habe ich nicht euch, die Zwölf, erwählt? Und doch ist einer von euch ein Teufel." Ohne hier weiter auf Judas einzugehen, sei doch das eine bemerkt: Judas hat nicht nur Jesus, sondern die ganze Gemeinschaft um Jesus verraten. Es zeigt sich hier: Wer aus der Gemeinschaft ausbricht und als sogenannter Einzelkämpfer wirken will, steht in grosser Gefahr, eben diese Gemeinschaft zu verraten. Am Schluss steht Judas völlig allein und isoliert da: Weder kann oder will er zur Gemeinschaft zurück, noch kümmern sich jene, denen er mit seinem Verrat einen Dienst erwiesen hat, um ihn. In seiner Rede an die Gemeinschaft sagte der Apostel Petrus gemäss der Apostelgeschichte: „Judas wurde zum Anführer derer, die Jesus gefangen nahmen. Er wurde zu uns gezählt und hatte Anteil am gleichen Dienst. Mit dem Lohn für seine Untat kaufte er sich ein Grundstück. Dann aber stürzte er vornüber zu Boden, sein Leib barst auseinander und alle Eingeweide fielen heraus. Das wurde allen Einwohnern von Jerusalem bekannt; deshalb nannten sie jenes Grundstück in ihrer Sprache Hakeldamach, das heißt Blutacker."[64]

Paulus

Ein Gegenbeispiel dazu ist der Apostel Paulus. Im Galaterbrief erzählt er von sich selbst: „Ihr habt doch gehört, wie ich früher als gesetzestreuer Jude gelebt habe, und wisst, wie maßlos ich die Kirche Gottes verfolgte und zu vernichten suchte. In der Treue zum jüdischen Gesetz übertraf ich die meisten Altersgenossen in meinem Volk und mit dem größten Eifer setzte ich mich für die Überlieferungen meiner Väter ein. Als aber Gott, der mich schon im Mutterleib auserwählt und durch seine Gnade berufen hat, mir in seiner Güte seinen Sohn offenbarte, damit ich ihn unter den Heiden verkündige, da zog ich … nach Arabien und kehrte dann wieder nach Damaskus zurück. Drei Jahre später ging ich nach Jerusalem hinauf, um Kephas kennen zu lernen, und blieb fünfzehn Tage bei ihm."[65]

VI. Jesu Sieg über den Tod

Das Töchterchen von Jairus

Nachdem wir nun einen kleinen Einblick in den Zwölferkreis genommen haben, wandern wir mit ihnen und Jesus weiter. Das Lukasevangelium erzählt uns folgende Begebenheit: „Als Jesus zurückkam, empfingen ihn viele Menschen; sie hatten alle schon auf ihn gewartet. Da kam ein Mann namens Jaïrus, der Synagogenvorsteher war. Er fiel Jesus zu Füßen und bat ihn, in sein Haus zu kommen. Denn

[64] Apg 1,16-19

[65] Gal 1,13-18

sein einziges Kind, ein Mädchen von etwa zwölf Jahren, lag im Sterben. Während Jesus auf dem Weg zu ihm war, drängten sich die Menschen um ihn und erdrückten ihn beinahe. … Da kam einer, der zum Haus des Synagogenvorstehers gehörte, und sagte zu Jaïrus: Deine Tochter ist gestorben. Bemüh den Meister nicht länger! Jesus hörte es und sagte zu Jaïrus: Sei ohne Furcht; glaube nur, dann wird sie gerettet. Als er in das Haus ging, ließ er niemand mit hinein außer Petrus, Johannes und Jakobus und die Eltern des Mädchens. Alle Leute weinten und klagten über ihren Tod. Jesus aber sagte: Weint nicht! Sie ist nicht gestorben, sie schläft nur. Da lachten sie ihn aus, weil sie wussten, dass sie tot war. Er aber fasste sie an der Hand und rief: Mädchen, steh auf! Da kehrte das Leben in sie zurück und sie stand sofort auf. Und er sagte, man solle ihr etwas zu essen geben. Ihre Eltern aber waren außer sich. Doch Jesus verbot ihnen, irgendjemand zu erzählen, was geschehen war".[66]

Gott führt uns heraus aus dem Tod

Hier zeigt sich, was der Psalm 68,21 so zum Ausdruck bringt: „Gott ist ein Gott, der uns Rettung bringt, Gott, der Herr führt uns heraus aus dem Tod". Die Begebenheit mit dem Synagogenvorsteher Jaïrus ist geradezu eine Illustration davon. Man kann es förmlich so zusammenfassen: Wer von Gott in Christus berührt wird, empfängt sein Leben, ein Leben, das nicht mehr stirbt.

Äusserst interessant und bedenkenswert sind die Reaktionen Jesu auf den Bericht vom Sterben und Tod des zwölfjährigen Mädchens. Zum einen fällt auf, dass er den Tod des Mädchens, den echten Tod, nicht etwa einen Scheintod, als Schlaf bezeichnet. Damit ist mehr als irgendeine medizinische Aussage über den Zustand des Mädchens

---

[66] Lk 8,41-56

gesagt, sondern Gott selber sagt in Jesus Christus: der menschliche Tod ist nicht viel anderes als ein Schlaf. Und wer Schlaf sagt, sagt auch Erwachen.

Jesus leugnet die endgültige Macht des Todes. Er bezeichnet den Tod als das, was er ist, als ein Schlaf, dessen Erwachen die Auferstehung und Leben bedeutet. Es tönt so selbstverständlich, als würde es zum Alltag gehören. Das Mädchen hat geschlafen; und jetzt wird es Hunger haben. Gebt ihm etwas zum Essen. Kein weiterer Kommentar. Und doch: Das tote Mädchen schläft nur und wird zum Leben erwachen. Das ist eine ungeheure Aussage. Aber es muss uns bewusst sein und immer wieder bewusst werden: Zum Mittelpunkt des christlichen Glaubens gehört die Aussage: „Ich glaube an die Auferstehung der Toten und das ewige Leben".

Jesus bricht die Macht des Todes

Durch Jesus Christus ist die Endgültigkeit des Todes gebrochen, ja, man kann sagen: durch seine Erlösung, durch seinen eigenen Durchgang durch den Tod, ist der Tod in einen Schlaf verwandelt worden. Ein kleines Kind hat es einmal so formuliert: Sterben heisst, einschlafen und im Himmel erwachen. Das entspricht genau dem, was Jesus sagte, wenn er sprach: Das Kind ist nicht gestorben, es schläft nur. Und das Erwachen im Himmel besagt: Gott wird uns in Jesus Christus anrühren und aufwecken.

Und genau hier beginnt nun auch die Anfrage an unseren Glauben. Zum Synagogenvorsteher Jaïrus hatte man gesagt: „Deine Tochter ist gestorben. Warum bemühst du den Meister noch länger?". – Ja, das ist menschliches Denken, Denken, das uns nahe liegt, der gesunde Menschenverstand, der sagt: Wert tot ist, ist tot, ist dem Leben entschwunden. Da kommt nichts mehr.

Und eben darauf antwortet Jesus: „Sei ohne Furcht, glaube nur“. Gerade wo es um Leben und Tod geht, sagt Jesus: Sei ohne Furcht. Ins endliche Leben der Menschen, in seine Angst, in seine Zweifel, in seine Dunkelheiten hinein, sagt Gott: Fürchte dich nicht.

Fürchte dich nicht

Das beginnt schon bei der Verkündigung des Johannes des Täufers. „Zu der Zeit des Herodes, des Königs von Judäa, lebte ein Priester mit Namen Zacharias, und seine hieß Elisabeth. Sie hatten kein Kind; denn Elisabeth war unfruchtbar und beide waren hochbetagt. Als Zacharias im Tempel das Rauchopfer darbrachte. „Da erschien ihm der Engel des Herrn und stand an der rechten Seite des Räucheraltars. Und als Zacharias ihn sah, erschrak er, und es kam Furcht über ihn. Aber der Engel sprach zu ihm: Fürchte dich nicht, Zacharias, … deine Frau Elisabeth wird dir einen Sohn gebären, und du sollst ihm den Namen Johannes geben“. Wo also nach menschlichem Ermessen kein Leben mehr entstehen kann, da schafft Gott neues Leben und leitet es ein mit der Aussage: „Fürchte dich nicht“.[67]

So ebenfalls bei der Gottesmutter Maria: „Der Engel Gabriel wurde von Gott in eine Stadt in Galiläa namens Nazareth zu einer Jungfrau gesandt. Sie war mit einem Mann namens Josef verlobt, der aus dem Haus David stammte. Der Name der Jungfrau war Maria. Der Engel trat bei ihr ein und sagte: Sei gegrüßt, du Begnadete, der Herr ist mit dir. Sie erschrak über die Anrede und überlegte, was dieser Gruß zu bedeuten habe. Da sagte der Engel zu ihr: Fürchte dich nicht, Maria; denn du hast bei Gott Gnade gefunden. Du wirst ein Kind empfangen, einen Sohn wirst du gebären: dem sollst du den Namen Jesus geben“[68]

---

[67] Lk 1,5-13
[68] Lk 1,26-31

Auf stürmischer See

Ein andres Beispiel können wir dem Markusevangelium entnehmen.

Jesus sagte zu den Aposteln: "Wir wollen ans andere Ufer hinüberfahren. Sie schickten die Leute fort und fuhren mit ihm in dem Boot, in dem er saß, weg; einige andere Boote begleiteten ihn. Plötzlich erhob sich ein heftiger Wirbelsturm, und die Wellen schlugen in das Boot, sodass es sich mit Wasser zu füllen begann. Er aber lag hinten im Boot auf einem Kissen und schlief. Sie weckten ihn und riefen: Meister, kümmert es dich nicht, dass wir zugrunde gehen? Da stand er auf, drohte dem Wind und sagte zu dem See: Schweig, sei still! Und der Wind legte sich und es trat völlige Stille ein. Er sagte zu ihnen: Warum habt ihr solche Angst? Habt ihr noch keinen Glauben? Da ergriff sie große Furcht und sie sagten zueinander: Was ist das für ein Mensch, dass ihm sogar der Wind und der See gehorchen?"[69]

Es erhob sich also plötzlich ein heftiger Wirbelsturm auf dem See Genesaret. Die Welt war verdunkelt ob der schweren Wolken, die am Himmel hingen. Der Sturmwind peitschte den See, trieb die Wellen in die Höhe, warf das Boot einer Nussschale gleich ins Auf und Ab der drohenden Wogen. Die Wellen schlugen ins Boot, so dass es sich mit

Wasser zu füllen begann. Die Welt schien aus den Fugen geraten zu sein und schien jederzeit über ihnen zusammenbrechen zu können – und was tat Jesus? Er schlief hinten im Boot auf einem Kissen. Da wecken ihn die Jünger und schreien: „Kümmert es dich nicht, dass wir zugrunde gehen?"

Dabei muss man sich bewusst machen, dass die Jünger erfahrene Seeleute waren. Die See war von Kind auf ihr Lebenselement; und

---

[69] Mk 4,35-41

wenn diese Männer in Panik geraten und schreien: „Kümmert es dich nicht, dass wir zugrunde gehen?“, dann war die Situation in der Tat so ernst, dass es kein Entrinnen mehr gab, dass der Untergang mit keiner Kraft mehr abzuwenden war, kurz gesagt: ihr Lebenselement ist derart durcheinander geraten, dass das Ende ihrer kleinen Welt gekommen schien. – Und Jesus schläft.

Wie in einer Wiege geschaukelt

Und es ist ein wunderbares Bild, das sich ergibt, wenn man diesen schlafenden Jesus vor sich sieht, ihn gleichsam meditiert, ihn wie ein Kind mit grossen Augen betrachtet. Dann zeigt sich hier: Wie sehr sich

Jesus in der Welt Gottes geborgen fühlen muss, dass er im grössten Sturm selig schlafen kann, als wäre das Boot, das von den Wellen hin und her geworfen wird, nichts anderes als eine Wiege, in der ein Kind von der liebenden Mutter in den Schlaf geschaukelt wird.

Und wie er von den Jüngern geweckt wird, fragt er schlicht: „Warum habt ihr solche Angst? Habt ihr noch keinen Glauben?“ Damit zeigt er uns aber auch das Bild des echten Glaubens. Es ist diese innerste Gewissheit, in Gott geborgen zu sein und mag geschehen, was will, mögen Sonne und Mond sich verfinstern, mögen die Sterne vom Himmel fallen, mag die ganze Welt aus den Fugen geraten, ja, sogar untergehen, uns kann überhaupt nichts geschehen, solange wir Jesus Christus in unserem Boot des Lebens haben. Das heisst nun aber, dass der glaubende Mensch die kleinen und grossen Katastrophen dieser Welt anders interpretiert als ein Ungläubiger, nämlich nicht so sehr als Ende, Abbruch und Zerstörung, sondern als Vorboten, als Zeichen dafür, dass etwas ganz anderes am Kommen ist.

Das ist auch eine Antwort an uns: entgegen jeder Erfahrung und „ohne Garantieschein“ (Edith Stein), zu glauben, dass wir durch das Sterben hindurch leben werden, weil Gott ein Gott des Lebens ist und gemäss dem Buch der Weisheit[70] keine Freude hat am Untergang der Lebenden.

Mit anderen Worten: den Tod gibt es gar nicht. Es gibt nur das Leben. Sterben bedeutet, in das neue Leben umgewandelt zu werden, vergleichbar einer Raupe, die sich im Kokon scheinbar absterbend in einen Schmetterling verwandelt. Weniger nicht.

Der Neid des Teufels

Freilich sagt das Buch der Weisheit auch: Durch den Neid des Teufels kam der Tod in die Welt. Das entspricht dem, was der Apostel Paulus sagt: Der Tod ist der Sünde Sold. Das heisst: Das, was wir Tod nennen, das Dunkle und Schwarze und Angstmachende, das kommt durch die Sünde oder den Neid des Teufels. Der Teufel mag uns das grundlegende Vertrauen in Gott nicht gönnen. Darauf ist er neidisch. Und genau darum sagt er gleichsam: Dein Tod ist dein Untergang. Mehr hast du nicht zu erwarten. Gott mag dir das Leben nicht gönnen. – Und genau dort, wo solche Stimmen uns bedrängen, genau dort können wir sicher sein: Das sind nicht die Stimmen Christi, das sind die Stimmen des Bösen, auf die wir nicht hören sollten.

Jesu Warnung vor dem Bösen

Jedoch die andere Stimme sollten wir auch nicht überhören, nämlich jene Stimme Christi, die uns sagt: „Fürchtet euch nicht vor denen, die den Leib töten, die Seele aber nicht töten können, sondern fürchtet euch vor dem, der Seele und Leib ins Verderben der Hölle stürzen kann“.[71]

---

[70] Weish 1,13

[71] Mt 10,28

Das heisst dann auch: auf die Macht des Bösen sollen wir uns nicht einlassen. Wie Jesus den Dämon anfuhr: „Schweig und verlass den Menschen“,[72] so sollen auch wir mit dem Bösen nicht verhandeln. Auch die Ursünde hatte ja damit begonnen, dass der erste Mensch mit der Schlange zu diskutieren begonnen hatte.

Ein österliches Geschehen

Ein weiteres in der Begebenheit mit Jaïrus ist das Motiv der Geheimhaltung. Was ist damit gemeint? Nun, auffallend ist: Jesus nimm nur Petrus, Jakobus und Johannes ins Haus als Zeugen des Geschehens. Alle anderen, ausgenommen die Eltern des Kindes, schickt er hinaus.

Was bedeutet dies? Nun, zum einen nimmt er Apostel mit als Zeugen und macht damit deutlich: Ich will den Glauben auf das Fundament der Apostel gründen. Der wahre Glaube wird auf das Zeugnis der Apostel hin geglaubt. Zum andern wird den Aposteln immer wieder gesagt, über die Ereignisse zu schweigen, bis alles geschehen sei, also bis die Auferstehung Christi an Ostern geschehen ist.

Das heisst: Jesus will nicht als Wundertäter oder Totenerwecker verstanden und verehrt werden, sondern als der Auferstandene, der jetzt lebt und mit dem jetzt jede und jeder im Glauben in Berührung kommen und damit, wie eingangs gesagt, das endgültige, nicht endende Leben hat.

Die Auferweckung der Tochter des Synagogenvorstehers Jairus ist also ein österliches Geschehen, ein Vorausblick auf das, was jedem Menschen im Tode geschehen wird.

---

[72] Mk 1,25

Und weiter: Im Glauben an Jesus Christus ist auch die Überwindung der fundamentalen, menschlichen Todesangst möglich, im Glauben nämlich, dass Jesus unseren Verstorbenen gesagt und einmal auch mir sagen wird: „Ich sage dir, steh auf", denn ich bin der Gott des Lebens. Eine andere Stimme wäre, wie gesagt, nicht die Stimme Christi, nicht die Stimme Gottes. Die Stimme Gottes ist die: in deinen Tod hinein sage ich: Steh auf zum ewigen Leben.

VII. Tabor

Erfahrung in der Nachfolge

Am Beginn des öffentlichen Wirkens Jesu, als zwei Jünger des Johannes ihm folgten und ihn fragten: Wo wohnst du? – da sagte ihnen Jesus: Kommt und seht. Das heisst, zu wissen, wo und wie man Jesus begegnen kann, ist eine Sache der Nachfolge und der Erfahrung, die man in der Nachfolge machen kann.

Die Evangelien berichten uns im Evangelium davon, dass Jesus drei Apostel, und nur sie allein, nämlich wiederum Petrus, Jakobus und Johannes beiseite nahm und sie auf einen Berg führte, um ihnen etwas zu zeigen.

Er will ihnen offenbar eine Erfahrung vermitteln, die man nicht in der breiten Masse machen kann, eine Erfahrung, die sich offenbar nur dann einstellt, wenn man aus dem breiten Strom der gängigen Mentalität aussteigt – und sei es auch nur für eine kurze Zeit.

„Etwa acht Tage nach diesen Reden [gemeint ist: nach der Brotvermehrung und der ersten Leidensankündigung] nahm Jesus Petrus, Johannes und Jakobus beiseite und stieg mit ihnen auf einen

Berg, um zu beten. Und während er betete, veränderte sich das Aussehen seines Gesichtes und sein Gewand wurde leuchtend weiß. Und plötzlich redeten zwei Männer mit ihm. Es waren Mose und Elija; sie erschienen in strahlendem Licht und sprachen von seinem Ende, das sich in Jerusalem erfüllen sollte. Petrus und seine Begleiter aber waren eingeschlafen, wurden jedoch wach und sahen Jesus in strahlendem Licht und die zwei Männer, die bei ihm standen. Als die beiden sich von ihm trennen wollten, sagte Petrus zu Jesus: Meister, es ist gut, dass wir hier sind. Wir wollen drei Hütten bauen, eine für dich, eine für Mose und eine für Elija. Er wusste aber nicht, was er sagte. Während er noch redete, kam eine Wolke und warf ihren Schatten auf sie. Sie gerieten in die Wolke hinein und bekamen Angst. Da rief eine Stimme aus der Wolke: Das ist mein auserwählter Sohn, auf ihn sollt ihr hören Als aber die Stimme erklang, war Jesus wieder allein.[73] Während sie den Berg hinabstiegen, gebot ihnen Jesus: Erzählt niemand von dem, was ihr gesehen habt, bis der Menschensohn von den Toten auferstanden ist.“[74]

Abseits vom Alltag

Hier wird den drei Aposteln, abseits dem Geschehen der Alltagswelt, ein Einblick in eine Herrlichkeit gegeben, die alles Irdische an Glanz und Schönheit um ein Unendliches übersteigt, eine Dimension des Lebens, die sich der Mensch in seinen kühnsten Träumen nicht erträumen würde, und sie erkennen nicht nur, dass es wahr ist, was sie in ihrem jüdischen Glauben glauben, dass nämlich das, was die Bibel erzählt, wahr und wirklich ist, nein, was sie hier sehen und erfahren, übersteigt alles Denken und Glauben, so sehr, dass es ihnen den Atem nimmt und, zum Beispiel Petrus, die Sprache verschlägt.

[73] Lk 9,28-35

[74] Mt 17,1-7

Dass Petrus nicht wusste, was er sagen sollte, lässt sich leicht nachvollziehen. Interessant ist dann aber, was er trotzdem sagt, nämlich soviel wie: Hier ist gut sein. Richten wir uns ein in diesem Hochgefühl der Herrlichkeit, lassen wir die Welt ‚Welt' sein, das Entscheidende ist hier diese Welt Gottes, alles andere zählt jetzt nicht mehr. Hier ist gut sein, und das genügt.

Man kann in der Tat sagen: in diesem kurzen Augenblick zumindest, ist der von der Herrlichkeit Gottes geblendete Blick von der Welt abgezogen, die Welt mit ihren Mühen und Leiden, auch mit den Menschen, die sich nach Erlösung sehnen, die gelingenden und gebrochenen Freundschaften, alles das ist in diesem Augenblick ausgeblendet. Christus holt ihn dann freilich wieder zurück auf die Welt und stellt ihn ins Leben hinein.

Jenseitsvertröstung?

Aber hier ist etwas, das von den Religionskritikern immer wieder behauptet wird, nämlich dieses: der Blick auf das Jenseits verhindere den Einsatz im Diesseits, verhindere den Dienst am Mitmenschen und das Engagement für das Gute in der Welt. Kurz: indem der Mensch vom Jenseits träume, vergesse er das Diesseits. Man nennt das Jenseitsvertröstung und dieser Gedanke hat eine erstaunliche Breitenwirkung entfaltet. Dabei ist doch eigentlich das genaue Gegenteil wahr. Aber in einer seltsamen Blindheit will man nicht sehen, dass ausgerechnet jene Menschen, welche ganz für die Welt Gottes und also auch für das sogenannte Jenseits offen waren und sind, sich ganz radikal für das Gute in der Welt einsetzten und es noch tun – und das mit einer erstaunlicher Selbstverständlichkeit. Eigentlich ist dieser Gedanke der Jenseitsvertröstung – also dass der Blick auf das

Jenseits vom Diesseits ablenken müsse - eine perfide, welthistorisch gewordene Lüge.

Denn, was bleibt, wenn man das ewige Leben aus dem Bewusstsein abzieht? Es bleibt der trostlose Blick in eine oftmals trostlose Welt. Und in eben diese Trostlosigkeit hinein bringt nun der moderne Mensch ein nächstes, nämlich die Diesseitsvertröstung.

Diesseitsvertröstung

Diesseitsvertröstung meint: Da es ja kein Jenseits gibt, musst du, soviel dir möglich ist, aus dem diesseitigen Leben herauspressen, du musst dir geradezu gierig unter den Nagel reissen, was immer du kannst. Das zeigt nun aber: Wird der Blick vom Jenseits abgezogen, so wird der Mensch nicht besser, sondern egoistischer.

«Wahrscheinlich gibt es keinen Gott. Kein Grund zur Sorge – geniesse dein Leben». Das, was man auf gewissen Bussen in verschiedenen Städten lesen konnte, ist Diesseitsvertröstung.

Nun ist am Geniessen des Lebens sicher nichts auszusetzen. Nur verstehe ich darunter nicht den geniesserischen Raubbau an Leib und Leben, ich verstehe darunter nicht das Untergraben jeglicher Moral oder das Abdriften in die Scheinwelten von Kitsch oder Computersphären. Ich verstehe unter Lebensgenuss nicht das Geniessen, das nur müde und leer macht, sondern jenen Genuss, der sättigt und aufbaut, den Genuss, der sich aus einer tieferen Quelle nährt, nämlich aus der Gnade und Zuwendung Gottes.

Die Wolke der Gegenwart Gottes

Und es ist eben jene Gnade und Zuwendung Gottes, welche die drei Apostel auf dem Berge erfahren, da eine Wolke ihren Schatten auf sie warf, - die Wolke der Gegenwart Gottes.

Die Wolke sagte ihnen: Gott ist nahe. Die Wolke war seit je das Zeichen der Gegenwart Gottes. Bei der Wüstenwanderung leitete eine Wolke das Volk durch die Wüste,[75] bei der Verklärung Jesu auf dem Tabor warf, wie gesagt, die leuchtende Wolke ihren Schatten auf die drei Jünger und aus der Wolke rief eine Stimme: „Das ist mein geliebter Sohn, an dem ich Gefallen gefunden habe; auf ihn sollt ihr hören". Beim Verhör vor dem Hohen Rat sagte Jesus: „ihr werdet den Menschensohn zur Rechten der Macht sitzen und mit den Wolken des Himmels kommen sehen".[76] Und im letzten Buch der Bibel, der Offenbarung des Johannes, sagt dieser: „Dann sah ich eine weisse Wolke. Auf der Wolke thronte einer, der wie ein Menschensohn aussah".[77]

Christus ist also der Inhalt dieser Wolke, er ist die Gegenwart Gottes unter den Menschen, er ist es, der uns Gott offenbart, wie er ist, er ist die Wahrheit Gottes.

Zum einen ist diese Wolke natürlich die Verhüllung Gottes, das, was auch den Zweifel des Menschen möglich macht, zum andern ist jedoch das, was uns vom Himmel trennt, das, was uns von der Welt Gottes, vom sogenannten Jenseits trennt, hauchdünn und durchlässig wie eine Wolke. Das heisst dann auch: Was unsern Augen verhüllt ist, die sogenannt jenseitige Welt, ist uns hautnah, umgibt uns, in ihr bewegen wir uns und sind wir, wie der Apostel Paulus, gemäss der

[75] Ex 13,22
[76] Mk 14,62
[77] Apk 14,14

Apostelgeschichte, den Athenern auf dem Aeropag erklärte.[78] Die Wolke, dieses wunderbare Zeichen der Nähe Gottes, eignet sich in besonderer Weise, unser Verhältnis zu Gott zu meditieren. Nichts ist so durchlässig und zugleich umfangend wie eine Wolke. Wer in einer Wolke ist, der wird von ihr ganz umfangen ohne eingeengt oder gar erdrückt zu werden. Aber mehr noch: Er atmet die Wolke ein, ohne dass sie kleiner wird. Die Wolke ist dann gleichsam drinnen und draussen im Menschen und um ihn herum. Ein Bild für Gott ist sie. Später wird der heilige Paulus den Athener sagen: In Gott „leben wir, bewegen wir uns und sind wir".

Als Andere in den Alltag

Aber freilich ist es nun so, dass sie nach diesem Erlebnis auf dem Berge wieder ins Tal hinunter müssen; und das erste, das ihnen da, am Fusse des Berges, entgegenkommt, so wird weiter berichtet, ist ein verzweifelter Vater, der zu Jesus sagt: ‚Hilf mir, mein Sohn ist von einem Dämon besessen'.[79] Ja, sie müssen wieder hinunter in die von der Sünde gezeichnete, dämonisierte Welt. Mit drei Hütten auf dem Berge ist es nicht getan. Aber sie gehen nach dieser Erfahrung auf dem Berge, nach diesem Blick in die Welt Gottes, als Andere in die Welt hinein. Und das ist entscheidend, nicht, dass die Welt sich verändert – darauf könnten sie lange warten – sondern dass sie sich, in der Beziehung zu Jesus Christus, innerlich gewandelt haben und mit einem völlig anderem Blick in die Welt hinein schauen. Das ist entscheidend.

Der Mensch - Geschöpf Gottes auf Vollendung hin

Was die Bibel vom Menschen zu erzählen weiss, ist dies, dass der Mensch nicht einfach ein planlos in seine Existenz hinein Geworfener,

---

[78] Apg 17,28

[79] Mt 17,15

sondern, dass er Geschöpf Gottes ist mit einem ganz konkreten, von Gott gegebenen Ziel, nämlich der ewigen Herrlichkeit.

Der Weg des Menschen ist ein Hineinwachsen in die Schöpfung Gottes, in welcher er, der Mensch, in der Schöpfung und mit ihr, aufkeimt, heranreift und letztlich in die Vollendung hinein geboren wird. Der Plan der Schöpfung, welche eine Welt im Werden ist, und sich gleichsam im Buch der Natur unübersehbar deutlich zeigt, dieser Weg des Heranwachsens, reif und zur Frucht Werdens, dieser Plan ist jene Dynamik, die auch im Menschen wirksam ist und ihn unweigerlich zum Ziel der Schöpfung hinzieht.

Und auf dem Berg der Verklärung, leuchtet in Jesus Christus, der betend ganz und gar in der Welt Gottes ist, eben die Herrlichkeit dieser Vollendung auf: das Irdische ist verklärt im Lichte Gottes, das Materielle ganz und gar und restlos durchformt vom Geiste. Und diese Erfahrung ist derart überwältigend, dass Petrus, etwas hilflos zwar und wie benommen, so etwas stammelt wie drei Hütten bauen, einfach, weil er, in seinem spontanen Überwältigtsein, diesen Augenblick festhalten und gleichsam verewigen möchte.

Das geht zwar freilich nicht, aber auf Grund von solchen Erfahrungen kann dann später der Apostel Paulus, an die Philipper schreiben: „Unsere Heimat ist im Himmel“.[80]

Eben das, und nichts weniger, ist der Inhalt unserer Hoffnung. Dabei meint Hoffnung nun freilich nicht ein gewisses Gefühl von „hoffentlich stimmt das auch“, oder: „das kann man nur hoffen“. Sondern christliche Hoffnung meint die feste Zuversicht und Erwartung, dass der

---

[80] Pil 3,20

Schöpfergott seinen Schöpfungsplan vollenden will und vollenden wird.

Und wenn man nun also diesen Weg des Geschöpfes vom Geboren werden, aufwachsen, reifen und hineinmünden in die ewige Herrlichkeit so vor sich sieht, dann kommt nun aber fast unweigerlich und ziemlich spontan der Gedanke: das ist zu schön, um wahr zu sein. Und schon ist der Zweifel drin.

Der Zweifel - Schatten der Hoffnung

Das zeigt uns nun aber schon etwas vom Zweifel: der Zweifel ist etwas Zweites. Zuerst kommt die Hoffnung, dann der Zweifel. Der Zweifel ist ein Schmarotzer. Er braucht, gleichsam als Wirt, die Hoffnung, um überhaupt sein zu können. So paradox es klingen mag: der Zweifel braucht die Hoffnung, um sein zu können. Man kann es auch etwas anders formulieren: Wer zweifelt, bringt damit zum Ausdruck, dass er im tiefsten seines Herzens hofft, sonst könnte er gar nicht zweifeln.

Doch der Zweifel nährt sich nicht nur von der Hoffnung, sondern auch noch von etwas anderem, nämlich von der menschlichen Erfahrung. Und diese scheint dem Zweifel recht zu geben, denn in vielem, was wir erfahren oder hören, ist wenig Hoffnungsvolles, ja, manches Mal mag es uns erscheinen, als sei das Leben nicht nur vergänglich, sondern auch noch umsonst gelebt.

Doch dieses, was uns ängstigen und unsere Zweifel grösser machen mag, findet sich nun interessanterweise auch schon im Evangelium der Verklärung angesprochen.

Da sind Mose und Elija, stellvertretend für die ganze Bibel, und diese sprechen ausgerechnet von Jesu Ende in Jerusalem. Sie sprechen also davon, dass dieser Weg in die Vollendung ein Weg durch Kreuz und

Tod hindurch ist, dass also der Zweifel, und mag er noch so gross und vernünftig und aufdringlich sein, letztlich weniger recht hat als die Hoffnung. Gerade weil das Grauenhafte des Lebens nicht geleugnet oder verniedlicht oder übersprungen wird, ist die Hoffnung, von der die Bibel spricht, realistisch und glaubhaft.

Die Getsemani-Erfahrung

Die drei Apostel, Petrus, Jakobus und Johannes, das Urgestein der Fischerei von Petrus, wurden nicht nur Zeugen davon, dass Jesus stärker als der Tod ist, sie wurden nicht nur in die Höhe der Erfahrung der Herrlichkeit Gottes geführt, sondern werden nun, so gestärkt, auch zu Zeugen der schrecklichsten Tiefe.

Das Matthäusevangelium berichtet: „Darauf [also nach dem letzten Abendmahl] kam Jesus mit den Jüngern zu einem Grundstück, das man Getsemani nennt, und sagte zu ihnen: Setzt euch und wartet hier, während ich dort bete. Und er nahm Petrus und die beiden Söhne des Zebedäus mit sich. Da ergriff ihn Angst und Traurigkeit, und er sagte zu ihnen: Meine Seele ist zu Tode betrübt. Bleibt hier und wacht mit mir! Und er ging ein Stück weiter, warf sich zu Boden und betete: Mein Vater, wenn es möglich ist, gehe dieser Kelch an mir vorüber. Aber nicht wie ich will, sondern wie du willst. Und er ging zu den Jüngern zurück und fand sie schlafend. Da sagte er zu Petrus: Konntet ihr nicht einmal eine Stunde mit mir wachen? Wacht und betet, damit ihr nicht in Versuchung geratet. Der Geist ist willig, aber das Fleisch ist schwach. Dann ging er zum zweiten Mal weg und betete: Mein Vater, wenn dieser Kelch an mir nicht vorübergehen kann, ohne dass ich ihn trinke, geschehe dein Wille. Als er zurückkam, fand er sie wieder schlafend, denn die Augen waren ihnen zugefallen. Und er ging wieder von ihnen weg und betete zum dritten Mal mit den gleichen Worten. Danach kehrte er zu den Jüngern zurück und sagte zu ihnen: Schlaft ihr immer noch und ruht euch aus? Die Stunde ist gekommen; jetzt wird der Menschensohn den Sündern ausgeliefert. Steht auf, wir wollen gehen! Seht, der Verräter, der mich ausliefert, ist da".[81]

Diese Getsemani-Erfahrung überstieg nun wirklich alles irgendwieDenkbare. Jesus zeigte sich in seiner Herrlichkeit, weckte Tote auf, gab Blinden das Augenlicht, Taubstummen Gehör und Sprache, trieb Dämonen aus, als wäre dies alles die selbstverständlichste Sache der Welt. Warum nur jetzt das: eine Seele zu Tode betrübt, ringend mit Gott, seinem Vater, in der Ohnmacht am Boden zerstört. Wer das leicht begriffe, und wenn auch nach zweitausend Jahren Gewöhnung leicht begriffe, der nähme dieses zentrale Geheimnis des Christentums zu leicht. Hier muss der Verstand still stehen und zugeben, dass er am Ende ist; und keine noch so gescheite Rede wird je dieses Skandalon aus der Welt zu schaffen vermögen.

Zieht das nicht allem wieder den Boden unter den Füssen weg? Und auch wenn hier, in Getsemani, noch keine Gewissheit besteht, ob das Schreckliche wirklich eintreffen wird, führt das in eine Erschütterung der ganzen Existenz. Genauso wie vom Tabor kehrt man auch von Getsemani als Veränderter zurück. Es wird nie mehr so sein wie vorher.

Und eben hier zeigt es sich: Nachfolgeerfahrungen gehen über die Bandbreite rein menschlicher Erfahrungen von Höhen und Tiefen hinaus.

[81] Mt 26,36-46

VIII. Der Nullpunkt

Ich gehe wieder fischen

Es war nach dem Tode Jesu am Kreuz. Das Johannesevangelium berichtet: „Simon Petrus, Thomas, genannt Didymus (Zwilling), Natanaël aus Kana in Galiläa, die Söhne des Zebedäus und zwei andere von seinen Jüngern waren zusammen. Simon Petrus sagte zu ihnen: Ich gehe fischen. Sie sagten zu ihm: Wir kommen auch mit. Sie gingen hinaus und stiegen in das Boot. Aber in dieser Nacht fingen sie nichts“.[82]

Ich gehe wieder fischen und dann fischen sie die ganze Nacht hindurch. Das war alles andere als ein Zeitvertreib im Warten darauf, wie es nun weitergehen sollte. Es heisst in Wahrheit: Ich gehe wieder meiner Arbeit nach. Irgendwie wird es uns gelingen, die Sache mit Jesus zu überwinden. Man hatte ja geglaubt, er komme von Gott her und führe zu Gott hin, ja, er sei gar der Messias Gottes. Man hat Erfahrungen gemacht, die weit über ein gewöhnliches Mass hinausgingen. Da ist so vieles, das er gesagt und getan hat, Dinge, die einerseits so eindringend und zugleich verständlich, ja sogar evident waren, heilsame Taten ohne irgendwelchen Anspruch auf das eigene Wohl. Er lebte ganz für Gott. Aber wie passt das alles zusammen? Die Totenerweckungen, das Gesehene auf dem Tabor, das Erlittene in Getsemani, dann die Verurteilung, der Spott der Leute, die Gerechtigkeit der Schriftgelehrten, die Macht der Römer, alles das war irgendwie zu viel. Man kann es nicht einordnen. Auf dem Berg Tabor wollte er drei Hütten bauen. Jetzt geht er fischen. Es ist wie eine flüchtige Handbewegung, die über das Erlebte hinwegfegt, so im Sinne von: Schwamm darüber. Mag es begreifen, wer es wolle. Petrus will wieder Boden unter den

---

[82] Joh 21,3

Füssen haben, angestammten, bekannten, gesicherten Boden. Wenn er sich allerdings in einem unerwarteten Moment dabei ertappte, dass seine Gedanken doch um das eben Vergangene kreisten, dann beschlich ihn die leise Ahnung, dass er dem Bösen in die Fratze geschaut hatte.

Die Fratzen des Bösen

Er sah die Fratze des Bösen im Gesicht der Spötter: „Anderen hat er geholfen, nun soll er sich selbst helfen, wenn er der erwählte Messias Gottes ist".[83] War das nicht die gleiche Stimme, die am Anfang des öffentlichen Wirkens Jesu in der Wüste sagte: „Wenn du der Sohn Gottes bist, dann ....". Petrus sah die Fratze des Bösen in der Selbstgerechtigkeit mancher Pharisäer und Schriftgelehrten, in der Grausamkeit der Besatzungsmacht, im hinterlistigen Verrat des Judas. Aber er sah noch etwas anderes, nämlich die Fratze der Feigheit im eigenen Herzen. „Ich kenne diesen Menschen nicht" hatte er am wärmenden Feuer im Hof des Hauses des Hohepriesters gesagt, während man seinen Freund und göttlichen Lehrer misshandelte. Und dann traf ihn der Blick Jesu, ein tieftrauriger Blick in seiner nackten Ohnmacht, genauso wie jede geschundene Natur blickt. Ein solcher Blick schneidet ins Herz und man fühlt sich schmutzig und schlecht. Bis ins Mark hinein fühlte Petrus die Scham des Verrats.

Ach, wenn er das alles mit dem schlichten Hinweis ‚Ich gehe fischen' hätte abtun können.

Nur nicht auffallen

Aber jetzt kam es darauf an, weiterzuleben. Und das Beste war, das alles auszublenden, als wäre es nie geschehen. Und vor allem: auf keinen Fall

---

[83] Lk 23,35

auffallen. Nur nicht darüber reden. Denn das Darüber-Reden brächte nicht nur Spott, wäre nicht nur eine riesengrosse Blamage, Es wäre wie sich selber öffentlich an den Pranger zu stellen und sich der Verhöhnung preiszugeben. Und es wäre lebensgefährlich.

Es bestand also alles Interesse, möglichst schnell in die Normalität zurückzukehren, von der Hände Arbeit zu leben wie ehedem und zu warten, bis Gras über die ganze Sache gewachsen war.

Im Hintergrund bleibt freilich immer die Frage: Warum? Eine junge Frau hat sie mir einmal in einem Brief, in dem sie ein tragisches Ereignis mitteilte, so gestellt: Warum stoppt Gott das nicht? Das ist in der Tat die Frage: Warum stoppt Gott das nicht, das Unrecht? Und wo sollte er mit dem Stoppen beginnen? Beim bösen Nachbarn? Beim Alkoholkranken, der sich und seine Familie ruiniert. Bei den Drogendealern, den Zuhältern, den Wirtschaftskriminellen? Warum stoppte er Hitler nicht, Stalin nicht, und all die anderen Unmenschen nicht? Und so fort.

Nur nicht grübeln

Nur nicht grübeln. Ich gehe fischen. So etwa liesse sich das zusammenfassen. Man kann auch sagen, dass hier, nach dem Tod Jesu, die Jesusbewegung auf dem Nullpunkt war. Die Kreuzigung Jesu musste geradezu als Gottesurteil verstanden werden. Der Apostel Paulus hat es später in seinem Brief an die Galater sehr klar geschrieben: „Es steht in der Schrift: Verflucht ist jeder, der am Pfahl hängt“.[84] So steht es denn auch im Deuteronomium, also dem fünften Buche Mose: „Ein Gehenkter ist ein von Gott Verfluchter“.[85]

---

[84] Gal 3,13

[85] Dtn 21,23

Das war also der Punkt, an dem man jetzt war: gewesene Anhänger eines Gekreuzigten. Doch nach der erfolglos durchgearbeiteten Nacht geschah das Folgende:

Eine neue Begegnung

„Als es schon Morgen wurde, stand Jesus am Ufer. Doch die Jünger wussten nicht, dass es Jesus war. Jesus sagte zu ihnen: Meine Kinder, habt ihr nicht etwas zu essen? Sie antworteten ihm: Nein. Er aber sagte zu ihnen: Werft das Netz auf der rechten Seite des Bootes aus und ihr werdet etwas fangen. .... Da sagte der Jünger, den Jesus liebte, zu Petrus: Es ist der Herr! Als Simon Petrus hörte, dass es der Herr sei, gürtete er sich das Obergewand um, weil er nackt war, und sprang in den See.... Als sie an Land gingen, sahen sie am Boden ein Kohlenfeuer und darauf Fisch und Brot. Jesus sagte zu ihnen: Kommt her und esst! Keiner von den Jüngern wagte ihn zu fragen: Wer bist du? Denn sie wussten, dass es der Herr war. Jesus trat heran, nahm das Brot und gab es ihnen, ebenso den Fisch. Dies war schon das dritte Mal, dass Jesus sich den Jüngern offenbarte, seit er von den Toten auferstanden war“.[86]

Wir wollen davon einstweilen nur drei Dinge festhalten: Erstens fällt auf, dass der Auferstandene jeweils eine seltsame Art Interesse am Essen hat. Wir werden darauf zurückkommen. Das Zweite ist die Reaktion des Petrus. Vor dem Auferstandenen springt er ins Wasser, weil er nackt war. Das erinnert doch sehr an die Szene im Paradies: Nach dem Sündenfall sagte Adam zu Gott: „Ich habe dich im Garten kommen hören; da geriet ich in Furcht, weil ich nackt bin, und versteckte mich“.[87] Mit andern Worten: der sündige Mensch schämt sich vor Gott und fühlt sich bloss gestellt. Auch hier will Petrus seine

---

[86] Joh 21,3-14

[87] Gen 3,10

Blösse vor dem Herrn verbergen. Er will sich nicht noch einmal eine Blösse geben, wie damals, als er grosssprecherisch verkündete: „Und wenn ich mit dir sterben müsste - ich werde dich nie verleugnen“,[88] was er aber dann kurze Zeit später dreimal tun wird. Drittens war es das dritte Mal, dass der Auferstandene sich ihnen offenbarte. Hier wird es etwas seltsam beschrieben: Keiner wagte ihn zu fragen, wer er sei, denn sie wussten, dass es der Herr war. Das bleibt in einer gewissen Schwebe, so in der Art, wie: Seh‘ ich richtig, was ich sehe?

Jetzt hatten sie ein Problem

Auf alle Fälle ist ihnen der Auferstandene begegnet. An der Auferstehung Christi gab es keinen Zweifel mehr. Aber das machte die Sache nicht einfacher. Im Gegenteil: Jetzt hatten sie ein Problem. Sollten sie das allen Ernstes verkünden? Das würde doch niemand glauben. Man würde sie als Spinner darstellen und, falls sie nicht anders zum Schweigen zu bringen waren, würde man sie beseitigen. Sie hatten also alles Interesse daran, die Sache zu verschweigen. Ihr Problem war also nicht, wie sie so etwas verkündigen sollten, sondern im Gegenteil, wie sie das am besten verschweigen konnten. Wie stünden sie denn da, wenn sie den Leuten mitteilen würden: Christus ist auferstanden? Und andererseits: Wie stünden sie denn da vor Christus, wenn sie es nicht täten? Sie waren also in einer schrecklichen Zwickmühle. Jesus hatte ihnen einmal gesagt: „Denkt nicht, ich sei gekommen, um Frieden auf die Erde zu bringen. Ich bin nicht gekommen, um Frieden zu bringen, sondern das Schwert“.[89] Ja, und an dem Punkt waren sie jetzt also.

---

[88] Mt 26,35

[89] Mt 10,34

Eine tollkühne Wende

Dann aber hatte sich kurz darauf das Folgende ereignet: Da verkündet doch Petrus mitten in Jerusalem einer Volksmenge: „Israeliten, hört diese Worte: Jesus von Nazareth, den Gott vor euch beglaubigt hat durch machtvolle Taten, Wunder und Zeichen, … habt ihr durch die Hand von Gesetzlosen ans Kreuz geschlagen und umgebracht. Gott aber hat ihn von den Wehen des Todes befreit und auferweckt“.[90] Das war ein hartes Stück. Wie um alles in der Welt kommt Petrus dazu, nun derart aufzutreten? Was ist in ihn gefahren, dass er, der vorher noch so Ängstliche, plötzlich derart tollkühn wurde? War er lebensmüde geworden, oder was?

Hier liegt eine entscheidend wichtige, und für alle spätere Zeit wichtige Schwelle, über die Petrus und die andern Verkünder Gottes geführt wurden und noch geführt werden. Hier erfüllte sich und wird sich weiterhin erfüllen, was Jesus angekündigt hatte, nämlich dieses: „Ich werde euch nicht als Waisen zurücklassen …“ und: „Der Beistand aber, der Heilige Geist, den der Vater in meinem Namen senden wird, der wird euch alles lehren und euch an alles erinnern, was ich euch gesagt habe“.[91] Es war also die Kraft des Heiligen Geistes, welche diese Umwandlung der Apostel bewirkte. Für uns ist nun Folgendes wichtig: Es ist der Heilige Geist, der die Apostel an alles erinnerte und sie in die Wahrheit Jesu Christi führte; und aus eben dieser geistgewirkten Erinnerung heraus sind die Evangelien entstanden.

Es ist ja nicht so, dass die Apostel während sie mit Jesus zusammen waren, Tagebuch geführt oder Protokoll oder irgend andere Texte geschrieben hätten. Die Ereignisse sind in Tat und Wahrheit geschehen,

---

[90] Apg 1,22f

[91] Joh 14,18-30

haben sie miterlebt und mitempfunden, können sie bezeugen und bezeugten sie bis zur Lebenshingabe. Sie können, sagten sie, unmöglich schweigen über das, was sie gesehen und gehört haben.[92]

Unser Zugang zu Jesus Christus

Für uns bedeutet das nun, dass Jesus Christus uns nur über die Erinnerung der Apostel und der anderen Zeugen zugänglich ist. Das bedeutet nicht, dass das Leben und Lehren Jesu Christi irgendwie verfälscht worden wären, sondern im Gegenteil, dass die Ereignisse im Leben Jesu erst so in ihrer Bedeutung erfasst werden konnten und können. Nach dem Tod und der Auferstehung Christi verstanden die Apostel einiges, das ihnen vorher unverständlich war. In ihrer Verkündigung und ihrem Zeugnis sind sie immer tiefer in die Wahrheit Gottes in Jesus Christus hinein gewachsen. Am deutlichsten sieht man das beim Evangelisten Johannes. Sein Evangelium ist die Frucht langer Meditation.

Wir können nun also erst recht ins Evangelium hinein gehen im Bewusstsein, dass es uns authentische Erinnerungen der Apostel erzählt. Das heisst, dass uns die Evangelien mitnehmen in die Erlebnisse und Erinnerungen der Apostel und der ersten Zeuginnen und Zeugen. Und hier nun will ich beim letzten Abendmahl anknüpfen.

---

[92] Apg 4,20

IX. Lebenshingabe

Das Beispiel Jesu: die Fusswaschung

Das Johannesevangelium berichtet: „Es war vor dem Paschafest. Jesus wusste, dass seine Stunde gekommen war, um aus dieser Welt zum Vater hinüberzugehen. Da er die Seinen, die in der Welt waren, liebte, erwies er ihnen seine Liebe bis zur Vollendung. Es fand ein Mahl statt, und der Teufel hatte Judas, dem Sohn des Simon Iskariot, schon ins Herz gegeben, ihn zu verraten und auszuliefern. Jesus, der wusste, dass ihm der Vater alles in die Hand gegeben hatte und dass er von Gott gekommen war und zu Gott zurückkehrte, stand vom Mahl auf, legte sein Gewand ab und umgürtete sich mit einem Leinentuch. Dann goss er Wasser in eine Schüssel und begann, den Jüngern die Füße zu waschen und mit dem Leinentuch abzutrocknen, mit dem er umgürtet war. Als er zu Simon Petrus kam, sagte dieser zu ihm: Du, Herr, willst mir die Füße waschen? Jesus antwortete ihm: Was ich tue, verstehst du jetzt noch nicht; doch später wirst du es begreifen … Ihr sagt zu mir Meister und Herr und ihr nennt mich mit Recht so; denn ich bin es. Wenn nun ich, der Herr und Meister, euch die Füße gewaschen habe, dann müsst auch ihr einander die Füße waschen. Ich habe euch ein Beispiel gegeben, damit auch ihr so handelt, wie ich an euch gehandelt habe.“[93]

Lebenshingabe

Hier ist zunächst einmal die Aussage wichtig und bedenkenswert:

„Jesus, wusste, dass ihm der Vater alles in die Hand gegeben hatte und dass er von Gott gekommen war und zu Gott zurückkehrte“. Jesus weiss also um seine Bedeutung, er weiss, dass er der Sohn Gottes ist. Und er handelt und spricht als Mensch und Gott. Und nun, als Gott, beugt er

[93] Joh 13,1-7.13-15

sich nieder, geht vor seiner Kreatur, dem Menschen, in die Knie und leistet ihm den Sklavendienst, die Füsse zu waschen. – Wir könnten das heute vergleichen mit einem Schuhputzer, der sich anbietet, den Passanten die Schuhe zu putzen -. Das ist im Grunde genommen genau die Umkehrung dessen, was wir gewohnt sind, vom Verhältnis des Menschen zu Gott zu denken. Wir haben ja im Katechismus gelernt:

„Wir sind auf Erden, um Gott zu dienen und dadurch in den Himmel zu kommen“. Hier, im Abendmahlssaal zeigt sich nun etwas anderes. Man könnte das so zusammenfassen: Christus, der Sohn Gottes, war auf Erden um den Menschen zu dienen und sie in den Himmel zu holen“.

Das entspricht genau dem, was Jesus so gesagt hatte: „Der Menschensohn ist nicht gekommen, um sich dienen zu lassen, sondern um zu dienen und sein Leben hinzugeben als Lösegeld für viele“.[94]

Das Beispiel, das Jesus gegeben hat, das, was Petrus und die anderen in der Nachfolge Christi erst später, also nach Tod und Auferstehung Jesu begreifen werden, ist diese Lebenshingabe Jesu für die Menschen und entsprechend die in der Nachfolge ebenfalls zu vollziehende Lebenshingabe in diesem Dienst. Was aber wäre letztlich der Sinn der Lebenshingabe in Christus, wenn nicht jener für das Heil der Mitmenschen?

Nehmen wir noch den ältesten Bericht über das letzte Paschamahl Jesu mit den Aposteln hinzu. 1 Kor 11,23-25 ist nach meinem Wissen das älteste Dokument des Neuen Testamentes, geschrieben um 55 n.Chr.

Paulus schreibt an die Gemeinde von Korinth: „Ich habe vom Herrn empfangen, was ich euch dann überliefert habe: Jesus, der Herr, nahm in der Nacht, in der er ausgeliefert wurde, Brot, sprach das Dankgebet,

---

[94] Mt 20,28

brach das Brot und sagte: Das ist mein Leib für euch. Tut dies zu meinem Gedächtnis! Ebenso nahm er nach dem Mahl den Kelch und sprach: Dieser Kelch ist der Neue Bund in meinem Blut. Tut dies, sooft ihr daraus trinkt, zu meinem Gedächtnis!"

Der Bund und die Verbündeten

Hier spricht Jesus vom Neuen Bund. Es ist zum einen die Bestätigung und Erneuerung des Bundes, den Gott den Menschen seit je her angeboten hat: bei Noa mit dem Regenbogen als Zeichen, bei Abraham mit der Beschneidung, bei Mose mit den Zehn Geboten, ferner mit der Bundeslade, mit dem Tempel, kurz: der eine Bund Gottes mit den Menschen zeigt sich in der Geschichte Israels in vielfältiger Weise. Es ist der von Gott angebotene Bund, seine dargebotene Hand einerseits, andererseits ist es auch so, dass Jesus in seinem Bemühen, die Menschen zu Gott heimzuführen, Verbündete sucht. Menschen in der Nachfolge Christi sollen sich gemäss dem Willen Christi mit ihm verbünden zum Heil der Menschen überhaupt.

Zum Zweiten fällt auf, wie das „Tut, wie ich getan habe" betont wird. „Ich habe euch ein Beispiel gegeben, damit auch ihr so handelt, wie ich an euch gehandelt habe"; und: „Tut dies zu meinem Gedächtnis". Damit ist ein Doppeltes gesagt: Zum einen bedeutet dies, dass durch die Apostel und deren Nachfolger dieses eine Opfer Jesu Christi, das hier ja ganz deutlich bezeichnet wird mit dem „Neuen Bund in meinem Blute", immer wieder gegenwärtig gesetzt werden soll. Denn das Gedächtnis ist weit mehr als eine simple Erinnerung. Es bedeutet etwas, das Geschehen ist, so in die Gegenwart zu setzen, dass es wieder real da ist. Damit sind nicht neue Kreuzesopfer vollzogen, sondern dieses eine Opfer je neu gegenwärtig gesetzt.

Christentum erschöpft sich nicht in der Ethik

Und das Zweite ist, dass man nun selber bereit ist, in dieses Opfer real einzusteigen und sein eigenes Fleisch und Blut in den Dienst Gottes zu stellen. So wird dieses Opfer Christi in den Alltag geholt und der Alltag in das Opfer Christi gehoben. Es scheint mir wichtig, sich bewusst zu machen, dass das christliche Handeln nicht einfach eine Allerweltsethik ist, dass sich die Religion nicht, wie die Aufklärer meinten, auf moralisches Handeln beschränkt. Der Glaube ist nicht einfach eine pädagogische Methode zur Erziehung der Kinder, so dass er seinen Dienst getan hätte, sobald man erwachsen geworden ist. Christliches Handeln, also das Handeln aus dem Geist Christi, bedeutet, mit Christus, und hier besonders mit seiner Lebenshingabe, verbunden zu sein.

Der Hirte führt seine Schafe

Was das bedeutet, soll eine nächste Begebenheit uns lehren. Das Johannesevangelium berichtet: „Als sie gegessen [bei der Begegnung mit dem Auferstandenen am See Genesaret] hatten, sagte Jesus zu Simon Petrus: Simon, Sohn des Johannes, liebst du mich mehr als diese? Er antwortete ihm: Ja, Herr, du weißt, dass ich dich liebe. Jesus sagte zu ihm: Weide meine Lämmer! Zum zweiten Mal fragte er ihn: Simon, Sohn des Johannes, liebst du mich? Er antwortete ihm: Ja, Herr, du weißt, dass ich dich liebe. Jesus sagte zu ihm: Weide meine Schafe! Zum dritten Mal fragte er ihn: Simon, Sohn des Johannes, liebst du mich? Da wurde Petrus traurig, weil Jesus ihn zum dritten Mal gefragt hatte: Hast du mich lieb? Er gab ihm zu Antwort: Herr, du weißt alles; du weißt, dass ich dich lieb habe. Jesus sagte zu ihm: Weide meine Schafe! Amen, amen, das sage ich dir: Als du noch jung warst, hast du dich selbst gegürtet und konntest gehen, wohin du wolltest. Wenn du

aber alt geworden bist, wirst du deine Hände ausstrecken und ein anderer wird dich gürten und dich führen, wohin du nicht willst. Das sagte Jesus, um anzudeuten, durch welchen Tod er Gott verherrlichen würde. Nach diesen Worten sagte er zu ihm: Folge mir nach!“[95]
Was hier insbesondere interessiert, ist die Frage: „Liebst du mich?“. Ich meine, dass auf die Beantwortung dieser Frage alles Restliche folgt.

Wie das?

Das menschliche Bedürfnis zu lieben

Nun, stellen wir uns einmal vor, der Auferstandene hätte Petrus gesagt: Du weisst, dass ich dich liebe. Und weil ich dich liebe, darum musst auch du mich und deine Mitmenschen lieben. Wäre das nicht eine Erpressung? Weil Gott dich liebt, musst du ihn lieben. Ist das wirklich so evident? Natürlich hat jeder Mensch das Bedürfnis, geliebt zu werden. Aber dieses Bedürfnis hat Grenzen. Wie man im Mitmenschlichen nicht unbedingt von jedem geliebt sein möchte, so ist es auch möglich, sich Gott so vorzustellen, dass man nicht von ihm geliebt sein möchte oder dass einem dieses Geliebtsein unberührt lässt. Doch ist in jedem Menschen nicht nur das Bedürfnis, geliebt zu werden, sondern ebenso sehr jenes, selber zu lieben. Jede und jeder möchte jemanden haben, den oder die er von Herzen lieben kann. Das ist schlicht ein Grundbedürfnis des Menschen. Und auf eben dieses Lieben-können kommt es dem Auferstandenen an.

Im Umgang mit Gott ist es überhaupt wichtig, die Liebesfähigkeit in sich zu entdecken, zu stärken und zu verwirklichen. Es ist gemäss der Bibel und gemäss der Bestätigung durch Jesus überhaupt das wichtigste Gebot. Das Deuteronomium sagt es mit aller wünschenswerten Deutlichkeit: „Höre, Israel! Jahwe, unser Gott, Jahwe ist einzig. Darum

---

[95] Joh 21,15-19

sollst du den Herrn, deinen Gott, lieben mit ganzem Herzen, mit ganzer Seele und mit ganzer Kraft".[96]

Das Leben lieben ist Gott lieben

Wie aber kann man das? Ich meine, dazu muss man sich zunächst fragen: Was ist es eigentlich, was ich überhaupt und immer liebe? Die Antwort heisst: Jedes Geschöpf und vor allem ganz bewusst der Mensch liebt das Leben. Dagegen, dass ihm das Leben genommen wird, wehrt er sich mit allem ihm möglichen Einsatz. Und eben dieses Leben ist Gott. Der Mensch will Glück und Erfüllung, das heisst, er will den Himmel. Und dieser Himmel ist Gott.

Wir lieben die Schönheit. Dazu sagt uns zum Beispiel der heilige Augustinus das Folgende: „Frage die Schönheit der Erde, frage die Schönheit des Meeres, frage die Schönheit der weiten und durchdringenden Luft. Frage die Schönheit des Himmels, frage die Ordnung der Sterne, frage die Sonne, die mit ihrem Glanz den Tag erhellt; frage den Mond, der mit seinem Schein die Finsternis der Nacht mäßigt. Frage die wilden Tiere, die sich im Wasser bewegen, auf Erden wandeln, in der Luft fliegen: Seelen, die sich verbergen, Leiber, die sich zeigen; Sichtbares, das sich leiten lässt, Unsichtbares, das leitet. Frage sie! Alle werden dir antworten: Wir sind schön! Ihre Schönheit lässt sie erkennen. Diese vergängliche Schönheit, wer hat sie erschaffen, wenn nicht die unvergängliche Schönheit?"[97] Damit ist auch gesagt, dass unser Gottesbild dann einigermassen stimmig ist, wenn wir es uns so vorstellen, dass es von unserem Bedürfnis zu lieben, erreicht wird.

---

[96] Dtn 6,4f

[97] Augustinus, Reden, 241-2-3 gefunden in: http://recognoscere.wordpress.com/2010/10/20/augustinus/

Der Schlüssel zum Himmel

Damit blenden wir noch einmal zurück zur Begebenheit vor Cäsarea Philippi: Nachdem Simon Petrus zu Jesus gesagt hatte: „Du bist der Messias, der Sohn des lebendigen Gottes!„ antwortete Jesus: „Selig bist du, Simon Barjona; denn nicht Fleisch und Blut haben dir das offenbart, sondern mein Vater im Himmel. Ich aber sage dir: Du bist Petrus und auf diesen Felsen werde ich meine Kirche bauen und die Mächte der Unterwelt werden sie nicht überwältigen. Ich werde dir die Schlüssel des Himmelreichs geben; was du auf Erden binden wirst, das wird auch im Himmel gebunden sein, und was du auf Erden lösen wirst, das wird auch im Himmel gelöst sein".

Damals sagte Jesus: Ich werde dir die Schlüssel geben. Also gab er sie ihm damals noch nicht. Hier nun, als Auferstandener, sagt er ihm, wo dieser Schlüssel des Himmelreiches ist, nämlich in seinem Herzen.

„Liebst du mich?" Oder vielleicht auch nur kurz gesagt: „Liebst du?", das ist die Frage nach dem Schlüssel zum Himmelreich. Mit andern Worten: Der Schlüssel zum Himmel, also der Schlüssel zu Gott, ist die Liebe. Was in Liebe gebunden und was in Liebe gelöst ist, ist im Himmel gebunden oder gelöst. Man kann auch sagen: Der Schlüssel zum Himmel ist die Liebe, das heisst es lieben zu lieben. Das Liebenkönnen in sich als das eigentlich Sinn- und Wertvolle zu entdecken und zu leben.

X. Barmherzigkeit

Der Auferstandene sagte, gemäss dem Johannesevangelium, zu den Aposteln: „Wie mich der Vater gesandt hat, so sende ich euch“.[103] Das bedeutet, dass er sie in seine eigene Sendung hineinnimmt. Sie sollen das Werk Jesu weiterführen. Es wird nun zu fragen sein, was das Wesentliche dieser Sendung sei. Sicher geht es einmal um das, was uns Jesus zu beten gelehrt hat, nämlich, dass das Reich Gottes komme, dass Gottes Name geheiligt werde und sein Wille auf der Erde so geschehe, wie er im Himmel geschieht. Das geschieht so, dass jede und jeder seine tägliche Nahrung gesichert hat, dass seine Schuld durch Gott und die Schuld gegenseitig vergeben ist, die Menschen nicht in Versuchungen geraten und vom Bösen bewahrt werden. Es ist ein hohes Ziel, an dem mitzuwirken Jesus den Seinen aufgetragen hat. Die Frage ist dann freilich, wie man auf dieses Ziel hinarbeiten kann. Dazu will ich im Folgenden nur drei Aspekte herausgreifen, nämlich: Barmherzigkeit, Treue und Hoffnung.

Dieses Lebensprogramm fasste der Apostel Paulus in seinem zweiten Brief an die Gemeinde von Korinth wie folgt zusammen: „Wir bitten an Christi statt: Lasst euch mit Gott versöhnen!“[104]

(Versöhnen kommt von ‚versühnen‘). Nun kann man sich natürlich fragen: Was heisst denn hier ‚versöhnen‘? Wir sind doch mit Gott nicht im Streit. Die meisten von uns haben nichts gegen Gott. Dazu muss man freilich sagen, dass es nicht genügt, nichts gegen Gott zu haben. Die Welt ist so lange nicht mit Gott versöhnt, als es in ihr Ungerechtigkeit gibt, katastrophales Ungleichgewicht in der Verteilung der Güter, Krieg, Gewaltkonflikte, Hungertote und so fort. Der reiche Teil der Welt, der nichts gegen Gott hat, hat die Tendenz, mitten im Wohlstand Gott kalt zu stellen.

Doch wollen wir in der Geschichte einer Jüngerschaft unseren Blick auf den je Einzelnen wenden, der ja, was den Kampf gegen das weltweite Unheil anbelangt, weit überfordert wäre. Es geht darum, was die je Einzelne und der je Einzelne hier und jetzt gemäss dem Willen Christi tun kann und tun soll.

Sein wie Gott

Ein erstes ist sicher der barmherzige Umgang miteinander und mit sich selbst. Jesus sagte den Seinen: „Seid barmherzig, wie es auch euer Vater ist! Richtet nicht, dann werdet auch ihr nicht gerichtet werden. Verurteilt nicht, dann werdet auch ihr nicht verurteilt werden. Erlasst einander die Schuld, dann wird auch euch die Schuld erlassen werden. Gebt, dann wird auch euch gegeben werden. In reichem, vollem, gehäuftem, überfließendem Maß wird man euch beschenken; denn nach dem Maß, mit dem ihr messt und zuteilt, wird auch euch zugeteilt werden“.[98]

Das ist ein grosses Programm; und über diesem Programm steht der Anspruch Jesu: seid so wie Gott ist. Aber hatten wir das nicht schon einmal? Ja, im Paradies. Da sagte die Schlange zum Menschen: Sobald ihr von der Frucht im Mittelpunkt des Gartens esst, werdet ihr sein wie Gott. Gott weiss das und er will nicht, dass ihr ihm gleich seid. Damit legte die Schlange dem Menschen nahe, dass Gott seine, des Menschen, Konkurrenz fürchte, dass er auf das Leben seiner Geschöpfe eifersüchtig sei und ihnen dieses Leben missgönne. Und der Mensch sah, dass es gut wäre, zu sein wie Gott. Damit wurde sein irdisches Paradies gebrochen.[99] Ja, und nun aber sagt Jesus genau das: Ihr sollt sein wie Gott. Was jetzt? Nun, die Menschen wollten nicht sein wie

[98] Lk 6,36-38
[99] Gen 3

Gott, sondern so, wie sie sich Gott vorstellten. Diesem sich teuflisch vorgestelltem Gott, zu dem hin der Versucher in der Wüste Jesus am Beginn seines öffentlichen Wirkens verführen wollte, wollten sie gleich sein, also allmächtig, allwissend, allgegenwärtig auf genau jene Art, wie alle grausamen Tyrannen dieser Welt sein wollten.

Christus - das Bild Gottes

Dagegen ist uns in Jesus Christus Gott begegnet, wie er wirklich ist. Es ist der Gott, von dem Ex 34,6 sagt: „Jahwe ist ein barmherziger und gnädiger Gott, langmütig, reich an Huld und Treue“. Als Jesus einmal lehrte: „Niemand kommt zum Vater außer durch mich“, da sagte ihm Philippus: „Herr, zeig uns den Vater; das genügt uns. ... Jesus antwortete ihm: Schon so lange bin ich bei euch und du hast mich nicht erkannt, Philippus? Wer mich gesehen hat, hat den Vater gesehen“.[100]

Das heisst also, dass, wer in seinem Leben etwas von Gott aufleuchten lassen will, das nur im Sinn und Geiste Jesu Christi tun kann; und das heisst, dass er nicht irgendwie den Allmächtigen und Allwissenden spielen soll, sondern dass er gut und barmherzig sei.

Barmherzigkeit meint freilich nicht ein Laissez-faire. Alles darf sein. Alles ist recht. Nein. Es wäre zum Beispiel sehr unbarmherzig, ein Kind in einer antiautoritären Erziehung sich selbst zu überlassen. Barmherzigkeit meint gerade nicht Teilnahmslosigkeit, totale Toleranz, meint auch nicht, das Böse gut zu nennen.

Der Hass der Liebe

Ich habe mich einmal gefragt, ob Gott, der die Liebe ist, eigentlich nur lieben und überhaupt und in keinem Fall hassen kann. Dann habe ich

---

[100] Joh 14,6-8

das Psalmwort 11,5 gefunden, das besagt: „Der Herr prüft Gerechte und Frevler; wer Gewalttat liebt, den hasst er aus tiefster Seele“. Also doch.

Ich habe mich gefragt: Wo innerhalb der Liebe könnte der Hass seinen Platz haben? Und dann dachte ich an den konkreten Fall, dass eine Mutter zusehen muss, wie ihr Kind von einer Droge aufgefressen wird und schliesslich daran stirbt. Dann war es mir einsichtig: Wer einen Menschen so sehr liebt, wie eine Mutter ihr Kind, der hasst alles, was dem Kind an Bösem zustossen kann. Und Barmherzigkeit meint im Grunde genommen genau das: mit dem andern so mitfühlen, als wäre man dessen Mutter.

Hemmnisse der Barmherzigkeit

Was die Barmherzigkeit untergraben kann, ist ein innerer Groll, ein inneres Richten und Verurteilen anderer. Das sind menschliche Haltungen, die sich in das Innere der Seele einfressen. Dazu gehört auch der Neid, der sich wie ein Gift in die Gefühle und Gedanken einnistet, weiterhin der Geiz, der das Herz zuschnürt und eng macht, der Hochmut, aus dem heraus alle anderen klein gemacht werden müssen, die Begierde, die einen andern besitzen will, schliesslich die Hinterlist eines fiesen Herzens, die Trägheit im Guten und so fort.

Wer derlei Gefühle und Stimmungen in sich kultiviert, geht mit sich selber unbarmherzig um, denn er vergiftet innerlich sich selber. Anders ist es mit den Gefühlen von Trauer, Schuld, Reue, Angst, denn diese Gefühle sind verwandlungsfähig. Aus Trauer kann Freude, aus Schuld Befreiung, aus Reue Dankbarkeit, aus Angst Mut werden, dann wenn man sie Gott entgegenhält.

Barmherzig mit der Schöpfung

Barmherzigkeit meint auch, die Schöpfung Gottes so zu sehen, wie Christus sie sieht. Bei Jesus Christus erhält die ganze Schöpfung ihren eigentlichen, ursprünglichen Glanz und wird die ganze Schöpfung zur Sprache Gottes: das kleine Samenkorn hat in sich die Kraft, ein grosser Baum zu werden, die Vögel finden ihre Nahrung, die Lilien auf dem Feld sind prächtiger gekleidet als Salomo in all seiner Pracht, an den Früchten erkennt man die Qualität eines Gewächses, der Weinberg ist die Pflanzung Gottes, die Rebe verdorrt, wenn sie sich vom Weinstock löst, vom Feigenbaum wird Frucht erwartet, und so fort.

Jesus bringt die Wunder Gottes ans Licht und bringt sie zum Bewusstsein; alles ist Bild und Gleichnis für das Wirken Gottes; und der Mensch selbst ist gedacht als Bild und Gleichnis Gottes. So ist der Mensch in dieser Welt Repräsentant Gottes; ihm ist die Schöpfung in die Verantwortung gegeben; und wo er nicht Bild und Gleichnis Gottes sein will, da verfehlt er sich selber und wird zur Sünde.

In seinem Brief an die Römer schreibt der Apostel Paulus: „Auch die Schöpfung soll von der Sklaverei und Verlorenheit befreit werden zur Freiheit und Herrlichkeit der Kinder Gottes. Denn wir wissen, dass die gesamte Schöpfung bis zum heutigen Tag seufzt und in Geburtswehen liegt“.[101]

Vergebung

Was aber ist, wenn jemand die Barmherzigkeit vermissen lässt, wenn sich also jemand gegen einen verfehlt? Wie ist dann, von der Seite des Opfers aus gesehen, damit umzugehen? Das ist eine Frage, die Petrus sehr direkt an Jesus stellte und der darauf auch eine sehr direkte Antwort erhielt. „Petrus fragte: Herr, wie oft muss ich meinem Bruder vergeben, wenn er sich gegen mich versündigt? Siebenmal? Jesus sagte zu ihm:

[101] Röm 8,21f

Nicht siebenmal, sondern siebenundsiebzigmal".[102] Das heisst: immer. Petrus hätte es wissen müssen, denn vorher schon hatte Jesus, in der sogenannten Bergpredigt, erklärt: „Wenn dich einer auf die rechte Wange schlägt, dann halt ihm auch die andere hin. Und wenn dich einer vor Gericht bringen will, um dir das Hemd wegzunehmen, dann lass ihm auch den Mantel. Und wenn dich einer zwingen will, eine Meile mit ihm zu gehen, dann geh zwei mit ihm".[103]

Hier ist eine menschliche Grenze überschritten. Gut, vielleicht mag es einem gelingen, die kleinen, fiesen Nadelstiche, welche einem im Alltag öfters einmal zugefügt werden, mit der Zeit aufzufangen; und das ‚siebenundsiebzigmal verzeihen' gilt zunächst für den Bereich der eigenen Gemeinschaft. Es steht gleichsam unter dem Wort Christi: „Ihr wisst, dass die Herrscher ihre Völker unterdrücken und die Mächtigen ihre Macht über die Menschen missbrauchen. Bei euch soll es nicht so sein".[104] Die kleinen, alltäglichen Gehässigkeiten legen sich freilich wie ein schwerer Schatten über menschliche Beziehungen. Sie sind, wenn man so will, das tägliche Kreuz.

Verbrechen und Unglücksfälle

Betrachten wir allerdings die grossen Verbrechen, dann erhält die ganze Sache eine furchtbare Tragik. Nehmen wir ein Beispiel: Da wird im Sommer 2007die sechsjährige Ylenia in Appenzell von einem pervers motivierten Täter entführt und getötet. Und diese ungeheure Tat ist bei weitem kein Einzelfall. Es gibt jeden Tag neu grauenhafte Verbrechen, bei denen man sich fragen muss: Kann einem Opfer einer solchen Tat zugemutet werden, dass es verzeiht? Kann man überhaupt gewisse Nachrichten von dieser schlimmen Art aufnehmen, ohne die Täter

---

[102] Mt 18,21f

[103] Mt 5,39-41

[104] Mt 20,25f

spontan zu verurteilen? Kann man die Tat vom Täter trennen und nicht den Täter, sondern die Tat verurteilen? Wir lassen die Frage hier zunächst offen.

Ich nehme einen nächsten Fall. In der Pfarrei, in der ich Dienst tat, hat es sich ereignet, dass ein Ehepaar sich einen Ferienaufenthalt in Spanien gönnte. Unmittelbar vom dem Rückflug starb der noch junge Mann im Flughafen eines plötzlichen Todes. Beim späteren Gespräch mit ihr, sagte sie: ‚Mit dem da oben, und zeigte mit dem Finger gegen den Himmel, habe ich kein gutes Verhältnis mehr'. Da zeigt sich ein Verhängnis, das über dem Menschen droht. Und wir kennen zahlreiche solche Verhängnisse. Es sind Naturkatastrophen von unheimlichem Ausmass, welche oftmals die Menschen heimsuchen; und jedes Opfer ist eine Katastrophe. Aber wir können noch weiter ausholen: Was ist überhaupt noch übrig von den Milliarden von Menschen, die, sagen wir, vor 150 Jahren gelebt haben? Kein einziger. Und was wird in hundert Jahren von uns in dieser unserer Welt übrigbleiben? Nichts. Na ja, fast nichts.

Bedenkt man dieses, dann erhält die Aussage des heiligen Paulus: „Lasst euch mit Gott versöhnen!" ein schweres Gewicht. Millionen und Millionen menschliche Leben werden abgebrochen, sei es am Beginn des Lebens oder in seiner Blüte, ohne richtig gelebt zu haben. Wir brauchen das hier nicht näher auszuführen.

Theodizee

Hier sind wir im Bereich der Theodizee. (θεός theós ‚Gott' und δίκη díke ‚Gerechtigkeit). Soviel ich weiss, geht dieser Ausdruck auf den Philosophen Gottfried Wilhelm Leibniz (1646 –1716) zurück. Er lehrte, dass diese unsere Welt die beste aller möglichen Welten sei. Und ich bin da durchaus seiner Meinung. Andere Philosophen waren da freilich ganz anderer Meinung. Voltaire (1694 –1778), zum Beispiel, schrieb dagegen die satirische Novelle ‚Candide', in der der Held der Geschichte nur schlechte Erfahrungen macht. Schopenhauer (1788 1860) bezeichnete unsere Welt sogar als die schlechteste aller möglichen Welten. „Warum lässt der gute Gott uns leiden?", ein Buchtitel eines Buches von Johannes Brantschen, (Herder 1999), ist eine Frage, welche die Menschen immer wieder bedrängt.

Die Antwort des heiligen Paulus

Es ist nicht möglich, diese Frage hier zu behandeln. Es gibt dicke Bücher zu diesem Thema. Antworten gibt es keine schlüssigen, schon gar nicht ausserhalb des Glaubens. Ich will hier nur einen biblischen Text anführen, vor dem ich aber zuerst warnen muss. Es ist nämlich eine Antwort des Glaubens, in die man sich hineinarbeiten muss. Man muss mit allen seinen Einwänden dagegen anrennen können.

Leichtsinnig und am falschen Ort gesagt, kann sie nämlich sehr zynisch empfunden werden. Die Antwort findet sich beim Apostel Paulus. Im Brief an die Römer schreibt er: „Ich bin überzeugt, dass die Leiden der gegenwärtigen Zeit nichts bedeuten im Vergleich zu der Herrlichkeit, die an uns offenbar werden soll. Denn die ganze Schöpfung wartet sehnsüchtig auf das Offenbarwerden der Söhne Gottes. Die Schöpfung ist der Vergänglichkeit unterworfen, nicht aus eigenem Willen, sondern durch den, der sie unterworfen hat; aber zugleich gab er ihr Hoffnung: Auch die Schöpfung soll von der Sklaverei und Verlorenheit befreit werden zur Freiheit und Herrlichkeit der Kinder Gottes. Denn wir wissen, dass die gesamte Schöpfung bis zum heutigen Tag seufzt und in Geburtswehen liegt. Aber auch wir, obwohl wir als Erstlingsgabe den Geist haben, seufzen in unserem Herzen und warten darauf, dass wir mit der Erlösung unseres Leibes als Söhne offenbar werden. Denn wir sind gerettet, doch in der Hoffnung. Hoffnung aber, die man schon erfüllt sieht, ist keine Hoffnung. Wie kann man auf etwas hoffen, das man sieht? Hoffen wir aber auf das, was wir nicht sehen, dann harren wir aus in Geduld".[105]

XI. Treue

Ohne die Grundhaltung der Treue wäre das mitmenschliche Leben nicht möglich. Sei es in Schulen, Krankenhäusern, Fabriken, in öffentlichen Diensten, an welchem Arbeitsplatz auch immer, wenn die Menschen hier nicht grundsätzlich zur gegenseitigen Treue bereit wären, wäre das Gemeinschaftsleben über kurz oder lang blockiert. Jeder müsste selber zusehen, wie er zurechtkommt; das Leben würde zum Chaos. Die Grundbedürfnisse wie Nahrung, Kleidung, Obdach, Körperpflege, Ausbildung, alles dieses wäre kaum mehr in einem ausreichenden Masse zu befriedigen. Von daher ergibt sich von selbst, die Treue als lebenswichtige Grundhaltung zu erkennen.

Nun gibt es zwei Arten von Treue. Da ist zunächst die Treue zu einer Aufgabe. Diese bedeutet, dass man seine Arbeit gewissenhaft und stetig tut; und dass man sich auf einen verlassen kann. Daneben und darüber hinaus gibt es aber auch die personale Treue, das heisst die Treue zu Personen, also die Treue zu sich selbst, zu den Mitmenschen, zu den Geschöpfen überhaupt und zu Gott.

Am besten, vorab in der Religion, ist es, wenn die eine Treue aus der andern herauswächst, wenn also aus der personalen Treue heraus auch die Treue zu einer Aufgabe herauswächst, wenn also eine Aufgabe auch aus personaler Treue heraus getan wird. So kann zum Beispiel ein

---

[105] Röm 8,18-25

Arbeiter seine Arbeit treu und gewissenhaft erfüllen aus Treue zum Arbeitgeber, zum Geschäft und zu seiner Familie.

Gott ist treu

Im Judentum und dann später auch im Christentum, hat nun diese Treue eine unendlich tiefere Dimension. Sie gründet nämlich in der Treue Gottes. Gemeint ist dieses: Gott hat den Menschen immer wieder seinen Bund angeboten, zuletzt den Bund im Blute Jesu. „Das ist mein Blut, das Blut des Bundes, das für viele vergossen wird", sagte Jesus beim letzten Abendmahle.[106]

Die Propheten (Jesaja, Hosea, Ezechiel) scheuen sich nicht, diesen Bund Gottes mit den Menschen als Ehebund zu bezeichnen; und sie klagen das Volk, das Götter anbetet, an: „Mit ihren Götzen haben sie Ehebruch begangen", schreibt zum Beispiel Ezechiel.[107] Der Prophet Jesaja sagt: „dein Schöpfer ist dein Gemahl";[108] „Ihr sollt mein Volk sein, und ich will euer Gott sein", sagt Gott in Jer 11,4 und in Ez 14,11 lesen wir: „Sie werden mein Volk sein und ich werde ihr Gott sein - Spruch Gottes, des Herrn". Das erinnert doch sehr an die Hochzeitsformel in Gen 2,23: „Das endlich ist Bein von meinem Bein und Fleisch von meinem Fleisch".

Der Bund Gottes als Ehebund

Auch Jesus bezeichnet sich selber verschiedentlich als Bräutigam.[109] Er ist der Bräutigam jener, die zu ihm gehören. Der Apostel Paulus schreibt in seinem Brief an die Epheser: „Darum wird der Mann Vater und Mutter verlassen und sich an seine Frau binden und die zwei

---

[106] Mk 14,24

[107] Ez 23,37

[108] Jes 54,5

[109] (Mk 2,20; Mt 22,2; 25,1ff; Joh 3,29

werden ein Fleisch sein. Dies ist ein tiefes Geheimnis; ich beziehe es auf Christus und die Kirche".[110] Damit ist gesagt: Der Ehebund, den zwei Menschen schliessen, ist ein Abbild des Verhältnisses Gottes zu den Menschen, ein freilich schwaches Abbild im Vergleich zum Bund Gottes. Die christlichen Mystikerinnen und Mystiker (Mechthild von Magdeburg, Therese von Avila, Bernhard von Clairvaux u.a.) können vom Umgang mit Gott durchaus von einer Hochzeit sprechen. In ihrem Buch „Wohnungen der inneren Burg" schreibt Teresa von Avila, dass sich in der siebenten Wohnung im Innersten der Seele eine geistliche Hochzeit vollzieht. Das ist auch die tiefste Dimension des Zölibats, der Ehelosigkeit „um des Himmelreiches willen".[111]

Freundschaft

So wie die Ehepartner einander Freunde und intime Partner sind, so findet sich ebendieses auch im Bundesverhältnis zwischen Gott und Mensch, zwischen Christus und seinen Jüngerinnen und Jünger. Wir betrachten zunächst die Freundschaft. „Ich nenne euch nicht mehr Knechte; denn der Knecht weiß nicht, was sein Herr tut. Vielmehr habe ich euch Freunde genannt; denn ich habe euch alles mitgeteilt, was ich von meinem Vater gehört habe", sagte Jesus den Seinen.[112][113] Und das bedeutet zum einen: Wenn man Gott, den Schöpfer, zum Freund hat, dann ist es nicht mehr möglich, vor Gott Angst zu haben und aus Angst heraus zu handeln, denn, so sagt der erste Johannesbrief, „Furcht gibt es in der Liebe nicht, sondern die vollkommene Liebe vertreibt die Furcht. Denn die Furcht rechnet mit Strafe; und wer sich fürchtet, dessen Liebe ist nicht vollendet".[120] Und zum Zweiten ist die Freundschaft keine Pflichtübung. Die Freundschaft mit Gott will

---

[110] Eph 5,31f
[111] Mt 19,12
[112] Joh 15,15
[113] Joh 4,18

gefeiert sein, will sich in der öffentlichen Liturgie Ausdruck verschaffen. So besteht die christliche Religion nicht zuerst aus Geboten und Verboten, sie dient nicht einfach der Erziehung der Menschen, wie es die Aufklärung ihr unterstellte, sondern sie ist zuerst und vor allem Anbetung und Feier. Freundschaft ist das, was das Leben reich macht, das ungezwungene Beieinandersein, in dem man ohne Masken und Fassaden sein darf, wie man ist.

Freundschaft hat auch mit Vertrauen zu tun und mit Treue und gegenseitiger Achtung. Freundschaft ist ein gegenseitiges Begleiten auf dem Weg durchs Leben, ein Begleiten, das im Laufe der Zeit angereichert wird mit zahllosen Erinnerungen. Man wird so immer mehr und immer tiefer eine Gemeinschaft. Was die Freundschaft gefährden kann, ist ihre Vernachlässigung. Die Freundschaft will gepflegt sein, will Beachtung, will jeden Tag erneuert werden.

Freundschaft ist nun nicht etwas, das exklusiv nur zwei Menschen verbindet. Eine Freundschaft, die mehr ist als ein Egoismus zu zweit, lebt man in Gemeinschaft. Dabei ist nun folgendes zu betrachten:

Die Wurzeln

Wenn Freunde sich nach einer vielleicht längeren Zeit wieder begegnen, dann geschieht es öfters, dass sie in ein Gespräch kommen, das mit dem Satz beginnt: „Weisst du noch, damals …“ und dann erzählt man sich Ereignisse, die man miteinander erlebt hat, Dinge, die man gemeinsam getan, gemeinsam geliebt oder verachtet, gemeinsam geleistet hat und so fort. Es sind Erinnerungen, die einem bewusst machen, dass man aus einer gemeinsamen Wurzel heraus lebt. Im Kloster habe ich es immer geliebt, wenn die älteren Mitbrüder von früher erzählten. „Früher“, das war die Zeit ihrer Generation, das, was sie als junge Brüder erlebt hatten, die Zustände ihrer

Klostergemeinschaft von damals, ihre Geschicke und Missgeschicke und so fort. Dabei erzählten sie mit Vorliebe von Situationen, die damals daneben gingen, von Fettnäpfen, in die man getreten ist, von schlagfertigen und lustigen Antworten, die einem damals eingefallen sind, von Streichen, die man gespielt hat, von Mitbrüdern, die durch irgendwelche Besonderheiten auffielen und so fort. Und über gar manche Situation, die man damals als unangenehm empfunden hat, wird so erzählt, als wäre es die reinste Lust gewesen, in gerade diese Situation hinein geraten zu sein. Solche gleichsam aufbereitete Erinnerungen haben mich immer sehr aufgestellt. Irgendwie wird man dabei froh, zur Gemeinschaft, von der erzählt wird, dazuzugehören. Man fühlt sich eingebettet in eine Geschichte, in einen grösseren Zusammenhang, in einen viel weiteren Horizont hineingestellt.

Das zeigt mir zumindest zweierlei: Zum einen ist es wohltuend, die Vergangenheit der eigenen Gemeinschaft mit etwas Humor zu betrachten und so gleichsam eine gewisse Distanz zu ihr zu gewinnen, die nicht einfach nur eine zeitliche Distanz ist, sondern irgendwie die Distanz dessen ist, der über der Sache steht.

Aus der Wurzel leben

Zum Zweiten zeigt sich hier, in den Erzählungen über die Vergangenheit, die Wurzel, aus der heraus eine Gemeinschaft in Freundschaft lebt. Für eine christliche Gemeinschaft, wenn sie christlich bleiben will, ist es lebensnotwendig, aus ihrer Wurzel, aus ihrer Geschichte, aus ihrer Tradition heraus zu leben. Die christliche Gemeinschaft ist ein Organismus, und jeder Organismus verdorrt und stirbt ab, wenn er von der Wurzel abgeschnitten wird.

Wer der Kirche wirklich schaden will, der muss ihre Wurzeln vergiften, ihre Geschichte schlecht machen, der muss eine „Kriminalgeschichte des Christentums“ schreiben, der muss ihre Bräuche ins Lächerliche ziehen und so tun, als müsste die eigentliche und richtige Religion, wenn es eine solche denn brauchen sollte, erst noch erfunden werden.

Intime Partnerschaft

Hier gehen wir nun weiter zur zweiten Dimension des Bundes Gottes mit den Menschen, nämlich zur intimen Partnerschaft. Ich lese dazu aus dem Lukasevangelium: „Sie zogen zusammen weiter und er kam in ein Dorf. Eine Frau namens Marta nahm ihn freundlich auf. Sie hatte eine Schwester, die Maria hieß. Maria setzte sich dem Herrn zu Füßen und hörte seinen Worten zu. Marta aber war ganz davon in Anspruch genommen, für ihn zu sorgen. Sie kam zu ihm und sagte: Herr, kümmert es dich nicht, dass meine Schwester die ganze Arbeit mir allein überlässt? Sag ihr doch, sie soll mir helfen! Der Herr antwortete: Marta, Marta, du machst dir viele Sorgen und Mühen. Aber nur eines ist notwendig. Maria hat das Bessere gewählt, das soll ihr nicht genommen werden".

Was will Christus in der Begegnung mit dem Menschen?

Es geht hier um das Verhältnis der Menschen zu Jesus. Die Frage ist die: Wie ist es, wenn Jesus zu Besuch kommt? Wie soll man sich da verhalten? Zum Beispiel im Gottesdienst? Da mag es wohl die MartaReaktion geben, das heisst mit grosser Geschäftigkeit richtet man alles her, konzentriert sich darauf, dass ja alles gut und unterhaltsam gestaltet ist, man fragt sich, wie man die Gottesdienstbesucher mit viel ‚Action‘ anlocken kann und so fort. Die Frage sollte aber die sein: Was will Jesus? Marta hat seine Antwort provoziert, indem sie sich bei ihm über die scheinbar untätige Maria beschwerte; und darauf erhält sie die Antwort: ‚Marta, Marta, du machst dir viele Sorgen, aber nur eines ist notwendig. Maria hat das Bessere gewählt‘. Und es ist leicht zu sehen, was in der Begegnung mit Jesus das Bessere ist, nämlich: Ihm zuzuhören, auf seine Worte zu lauschen, seine Worte ins Herz zu nehmen. Maria ist hier offenbar sehr an Jesus interessiert, sie ist gleichsam weggerissen von seinen Worten, sie kommt von ihnen nicht los. Und eben das ist die gute Art, mit den Worten Jesu umzugehen.

Gast im Gottesdienst

Und weil ja Christus in jedem Gottesdienst zu Gast ist, oder besser gesagt: der Gastgeber selber ist, gehört es zum Wesentlichen des Gottesdienstes, auf Christus zu hören. Weil nun in der Eucharistiefeier der Priester Christus darstellt, deswegen sagt die Kirche auch, dass das Verkündigen des Evangeliums zur Eucharistiefeier gehört und also der Priester das Evangelium zu verkünden hat.

Das tiefe Bedürfnis des Menschen

Aber dieses Bessere, dieses Hören auf Christus, geht in jedem einzelnen und je einmaligen Glaubenden noch tiefer.

Ich meine damit folgendes: Im Menschen bleibt, auch bei der allerbesten mitmenschlichen Beziehung, in der glücklichsten Partnerschaft, immer auch eine letzte Einsamkeit zurück, ein „Ort" oder ein Punkt, an den niemand herankommt. Es ist dieser innerste Punkt einer Seele, an den nur Gott allein herankommt, ein „Teil" der Seele, die ihm allein reserviert wird. Es ist jener Teil, der bewirkt, dass der Mensch unersättlich ist und mit dem, was er hat, und wenn es die ganze Welt wäre, nie ganz zufrieden ist. Das Streben nach Reichtum ist entsprechend ein verzweifelter, nie gelingender Versuch, diese letzte Einsamkeit mit etwas aufzufüllen, das nicht Gott ist. Wer die Beziehung zu Gott nicht voll und ganz realisiert (und wer könnte das schon?) lebt mit einer offenen Wunde, die nicht verheilt. Das heisst dann auch: diese Wunde wird umso schmerzlicher erfahren und wird umso hektischer zu schliessen versucht, je weniger jemand bewusst mit Gott, seinem Schöpfer verbunden ist. Die eigentliche Seligkeit des Menschen besteht darin, dass man ganz und gar und mit reinem Herzen die Beziehung zu Gott realisiert und lebt. Geschieht dies, dann hat man den Himmel im eigenen Herzen. Ist er hingegen dort nicht, wird man ihn nirgendwo anders finden.

Die Veranlagung zur intimen Partnerschaft mit Gott

Die Konsequenz davon ist, dass jeder Mensch die Veranlagung zur intimen Partnerschaft mit Gott in sich hat. Es gibt einen Bereich im menschlichen Innenleben, der nur ihm und Gott allein gehört. Da ist eine grosse Intimität, die er sich gestalten darf. In diesem Bereich hat der Mensch, weil es ein Bereich der Liebe Gottes zum Menschen ist, grosse Freiheit. Denn wer Liebe sagt, sagt zugleich Freiheit. Diese Freiheit hat der Mensch, damit er auf die Liebe Gottes mit seiner Gegenliebe antworten kann.

Beziehung mit Geschichte

Ein Nächstes ist dies: Wie jede echte Beziehung, hat auch diese Beziehung des Menschen zu Gott eine Geschichte. Sie gestaltet sich, wie alles im menschlich-irdischen Leben, in geschichtlicher Form. Geschichte heisst auch durch Hoch und Tief hindurchgehen, Versagen und Angst zu empfinden einerseits, Hochgefühl und Glück andererseits. Es gibt im Glaubensleben unruhige Zeiten, dann auch wieder ruhige, erfüllte Augenblicke. Im Büchlein „Leben aus dem Nichts", ein Büchlein aus der Reihe der Münsterschwarzacher Schriften, berichtet die Autorin Elisabeth Hense von der Mystikerin Maria Petyt, dass diese vom Anfang ihres geistlichen Weges, schrieb: „Das Gebet und alle geistlichen Übungen waren mir so zuwider, dass mir davon übel wurde, ja, dass ich vor den Stunden des Betens zurückschreckte". Doch, weil sie auf diesem Weg des Betens treu blieb, führte es sie schliesslich dahin, dass sie einiges später schreiben konnte: „Das innere Licht und meine Erfahrung lehren mich, dass es für einen Menschen, der den nackten Geist in seinem innigen, geistigen und verborgenen Liebeswirken entdeckt und gefunden hat, nie mehr Winter, Nacht oder Trockenheit gibt. ... Er kann sich nämlich so leicht dem Geniessen der Gegenwart Gottes in sich selbst zuwenden, wie er auch mit einem Schlüssel ein Zimmer öffnen kann und hineingeht, um da mit seinem Freund zu sprechen".

Dieses zeigt, dass der spirituelle Weg, also der geistliche Weg, der Glaubensweg, nicht einfach etwas Kitschig-Süssliches ist. Mit einer Zuckerwasserspiritualität kommt man nicht weit.

Nonstop

Letzthin habe ich in einem Radiovortrag den Ausdruck ‚Nonstopmensch' gehört. Da wurde gesagt, dass unsere Zivilisation zu einer Art Nonstopmentalität geworden ist. In der Nonstopmentalität geht das Dringliche dem Wichtigen vor. Ein Beispiel: Man spürt, dass es jetzt wichtig wär, sich für eine Zeit zum Beten zurückzuziehen. Doch da fällt einem ein, dass da noch ein dringliches Telefongespräch fällig ist. Also erledigt man zunächst das Dringliche, damit man nachher Zeit zum Wichtigen hat. Und dann kann es vorkommen, dass man vor lauter Erledigung des Dringlichen für das Wichtige keine Zeit mehr hat.

Eine dritte Dimension

Diese Spur würde nun weiterführen in das Gebiet der Kontemplation. Wir verlassen sie jedoch hier und wenden uns der dritten Dimension des Bundes zu. Es gibt in der Ehe neben der Freundschaft und der intimen Partnerschaft eine dritte Dimension, und das ist die Kameradschaft. Die Kameradschaft bedeutet, dass man etwas miteinander erarbeitet. In der Arbeitswelt kennt man die Kollegschaft. Man hat Arbeitskolleginnen und Kollegen mit denen zusammen man sich einer Arbeit oder einer Herausforderung stellt. In der Ehe ist das gemeinsame Werk das gemeinsame Gestalten des Lebens, das Heranbilden und Formen einer Familie, das gemeinsame Wirken in und an der Welt.

Im geistlichen Leben besteht dieses Wirken im Zeugnis-geben von Gott. Man kann Gott nicht naturwissenschaftlich beweisen und man muss es auch nicht. Die ganze Schöpfung ist Beweis genug. Aber man kann und soll in der Nachfolge Christi von Gott Zeugnis geben. Wir wollen nun dem nachgehen, was es heissen mag, Zeugnis von Gott in Jesus Christus und im Heiligen Geist zu geben.

Bedürfnis nach Orientierung

Dazu nun zunächst eine Begebenheit aus dem Evangelium: „Die Apostel versammelten sich wieder bei Jesus und berichteten ihm alles was sie getan und gelehrt hatten. Da sagte er zu ihnen: Kommt mit an einen einsamen Ort, wo wir allein sind, und ruht ein wenig aus. Denn sie fanden nicht einmal Zeit zum Essen, so zahlreich waren die Leute, die kamen und gingen. Sie fuhren also mit dem Boot in eine einsame Gegend, um allein zu sein. Aber man sah sie abfahren und viele erfuhren davon; sie liefen zu Fuß aus allen Städten dorthin und kamen noch vor ihnen an. Als er ausstieg und die vielen Menschen sah, hatte er Mitleid mit ihnen; denn sie waren wie Schafe, die keinen Hirten haben. Und er lehrte sie lange".[114]

Das zeigt, dass die Menschen das Bedürfnis nach Orientierung, nach der Deutung ihrs Lebens, nach dem Aufweis des Sinnes ihres Daseins

[114] Mk 6,30-34

haben. Dabei waren sie wie Schafe ohne Hirten, was soviel bedeutet, dass der Mensch sich verloren fühlt, wenn er in seinem Leben keinen Sinn entdecken kann. Man kann auch sagen: Die Menschen brauchen Theorie. Die Theorie ist die Seele des Handelns. Jeder denkt sich ja etwas dabei, bevor er handelt.

Der Psalm 23 sagt: „Der Herr ist mein Hirte, nichts wird mir fehlen. Er lässt mich lagern auf grünen Auen und führt mich zum Ruheplatz am Wasser. Er stillt mein Verlangen; er leitet mich auf rechten Pfaden, treu seinem Namen. Muss ich auch wandern in finsterer Schlucht, ich fürchte kein Unheil; denn du bist bei mir, dein Stock und dein Stab geben mir Zuversicht". Mit dem Herrn, der der Hirte ist, ist Gott gemeint. Und wenn Jesus sagt: „Ich bin der gute Hirt. Der gute Hirt gibt sein Leben hin für die Schafe",[115] dann gibt er damit auch zu verstehen, dass er Gott ist.

Als der Auferstandene den Aposteln begegnete, da sagte er zu Petrus: „Weide meine Schafe".[116] Damit sagte er aber auch ganz klar, dass er, da er getötet wurde, seine Herde nicht allein lassen wollte, sondern das Hirtenamt über seine Herde an Petrus weitergab.

Nun lässt sich fragen, worin denn dieses Hirtenamt besteht. Auch darüber lässt uns das Evangelium nicht im Unklaren. Einmal sagte Jesus zu Petrus: „Simon, Simon, der Satan hat verlangt, dass er euch wie Weizen sieben darf. Ich aber habe für dich gebetet, dass dein Glaube nicht erlischt. Und wenn du dich wieder bekehrt hast, dann stärke deine Brüder. Darauf sagte Petrus zu ihm: Herr, ich bin bereit, mit dir sogar ins Gefängnis und in den Tod zu gehen. Jesus erwiderte: Ich sage dir, Petrus, ehe heute der Hahn kräht, wirst du dreimal leugnen, mich zu

---

[115] Joh 10,11

[116] Joh 21,15-17

kennen".[117] Hier gibt Jesus zu verstehen, dass es die Aufgabe des Hirten ist, in welcher Position dieser Hirte auch immer sein mag, den Glauben der Mitglaubenden zu stärken. Dienst in der Nachfolge Christi ist immer Dienst am Glauben, sei das nun in Wort oder Tat. Diese Aufgabe ist allen Christen gestellt. Das Eigentliche des Petrusdienstes ist es aber, dass er ganz direkt in der Vertretung Jesu Christi zu wirken hat. Aber, und das zeigt diese Bibelstelle auch, dazu genügt der gute Wille allein nicht. Hier ist die Verbundenheit mit Christus im Heiligen Geist unersetzbar.

Dann ist weiterhin zu sagen, dass dieser Dienst am Glauben nicht notwendigerweise ein bequemer sein wird. „Seht, ich sende euch wie Schafe mitten unter die Wölfe" sagte Jesus, „seid daher klug wie die Schlangen und arglos wie die Tauben! Nehmt euch aber vor den Menschen in Acht! Denn sie werden euch vor die Gerichte bringen und in ihren Synagogen auspeitschen. Ihr werdet um meinetwillen vor Statthalter und Könige geführt, damit ihr vor ihnen und den Heiden Zeugnis ablegt".[118] Damit ist auch gesagt, dass die Verkündigung der Wahrheit von Jesus Christus und das Zeugnis für ihn zu geben eine einfache Sache wäre, wenn dieses vor einem wohlwollenden Publikum zu geschehen hätte und wenn man in einer Umwelt lebte, in der an dieser Wahrheit niemand Anstoss nimmt. Das war aber bei den ersten Christen in keiner Weise der Fall.

Dabei hatten sie nicht nur die Gegner von aussen, sondern mit der Zeit kamen auch Gegner von innen hinzu. Denn im Masse man sich mit der Lehre Christi wichtigmachen konnte, fehlte es auch nicht an jenen, welche diese Lehre zu ihren Zwecken umformten. Davor hatte Jesus

[117] Lk 22,31-34
[118] Mt 10,16-18

auch gewarnt: „Hütet euch vor den falschen Propheten; sie kommen zu euch wie harmlose Schafe, in Wirklichkeit aber sind sie reißende Wölfe. An ihren Früchten werdet ihr sie erkennen".[119] Der Auftrag an Petrus und die andern Apostel war nach der Auferstehung Christi klar formuliert. Das Matthäusevangelium berichtet es so: „Die elf Jünger gingen nach Galiläa auf den Berg, den Jesus ihnen genannt hatte. Und als sie Jesus sahen, fielen sie vor ihm nieder. Einige aber hatten Zweifel. Da trat Jesus auf sie zu und sagte zu ihnen: Mir ist alle Macht gegeben im Himmel und auf der Erde. Darum geht zu allen Völkern und macht alle Menschen zu meinen Jüngern; tauft sie auf den Namen des Vaters und des Sohnes und des Heiligen Geistes, und lehrt sie, alles zu befolgen, was ich euch geboten habe. Seid gewiss: Ich bin bei euch alle Tage bis zum Ende der Welt".[120] Wie ist nun aber die Botschaft von Jesus Christus weiterzugeben? Wie soll man angesichts der Widerstände und Gefahren das Evangelium in die ganze Welt hinaus tragen? Nun, dazu gibt uns Jesus den seltsamen Rat: „Euch, die ihr mir zuhört, sage ich: Liebt eure Feinde; tut denen Gutes, die euch hassen. Segnet die, die euch verfluchen; betet für die, die euch misshandeln. Dem, der dich auf die eine Wange schlägt, halt auch die andere hin, und dem, der dir den Mantel wegnimmt, lass auch das Hemd. Gib jedem, der dich bittet; und wenn dir jemand etwas wegnimmt, verlang es nicht zurück".[121]Das bedeutet die totale Gewaltlosigkeit. Es bedeutet bei der Verkündigung des Evangeliums den Verzicht auf jegliche Gewalt.

Die Frage ist nur: Geht das? Nun, zum einen sagte Jesus: Ich bin bei euch alle Tage bis zum Ende der Welt. Das ist zwar keine Garantie für den Erfolg, aber es zeigt, dass der Einsatz für Christus dann im Sinne

---

[119] Mt 7,15f

[120] Mt 28,16-20

[121] Lk 6,27-30

Christi ist, wenn er gewaltlos und mit der Bereitschaft, das Kreuz auf sich zu nehmen, verbunden ist. Anwendung von Gewalt kann nie im Sinne Christi sein.

Zum andern sagte Jesus zu Petrus: „Du bist Petrus und auf diesen Felsen werde ich meine Kirche bauen und die Mächte der Unterwelt werden sie nicht überwältigen" (Mt 16,18).[122]

Und zum Dritten haben die grossen Heiligen, insbesondere der heilige Franziskus, vorgelebt, dass es geht.

Aber wie verträgt sich diese Gewaltlosigkeit mit dem Wort Jesu: „Mir ist alle Macht gegeben im Himmel und auf der Erde?"[123]

Das verträgt sich dann miteinander, wenn wir bedenken, dass Macht nicht Gewalt bedeutet und Gewalt nicht Macht. Im Gegenteil: Wer seine Macht mit Gewalt halten muss, zeigt damit, dass er im Grunde genommen keine Macht hat. Macht ist nicht Gewalt.

Nehmen wir als Beispiel einen Säugling. Es gibt kraftvolle und bodenständige grosse Männer voll Selbstbewusstsein, die vor einem Säugling gleichsam ihre Sprache verlieren. Da stammeln sie nur noch „tu – tu – tu" oder etwas Ähnliches. Damit will nur gesagt sein: Auch ein kleines Kind kann, ohne dass es das weiss oder will, eine grosse Macht ausüben. Und die Macht tut niemandem weh, im Gegenteil, man liebt sie sogar. Das besagt nun, man solle das Evangelium nicht mit der Gewalt des Starken, sondern mit der Macht des Liebenden verkünden.

Gewaltlosigkeit heisst ja nicht Standpunktlosigkeit. Der Verzicht auf Gewalt ist nicht ein Verzicht auf Einfluss. Einfluss und Macht im Sinne

---

[122] Mt 16,18

[123] Mt 28,18

Christi zu haben, meint genau jene Macht zu haben, die sich ohne Gewalt durchsetzt, weil sie die Macht Christi ist. Das gibt auch Raum für einen längeren Atem. Und eben darin, in dieser Art von Verkündigung besteht die Treue zum Wort Gottes.

Verkündigung der Offenbarung

Was Petrus und alle, die in der Verkündigung Christi stehen, zu verkündigen haben, ist die Offenbarung Gottes. Aber was ist Offenbarung? Nun, Offenbarung ist zunächst die Tat Gottes, etwas also, das Gott tut und an dem man etwas von ihm erkennen kann. So ist die Erschaffung der Welt die erste Offenbarung Gottes überhaupt. Die ganze Welt ist ein Buch Gottes und es braucht Menschen, die verstehen, dieses zu lesen. Ein noch so inhaltsreiches Buch wäre unbrauchbar für jemanden, der das Alphabet nicht kennt.

Offenbarung ist Ereignis

Die Ereignisse, von denen die Bibel spricht, offenbaren ebenso etwas von Gott; und auch hier ist es wiederum so, dass den erzählten und später schriftlich fixierten Ereignissen zunächst die Ereignisse selber vorausgehen. Beispiel: Zuerst geschieht der Auszug Israels aus Ägypten, dann wird dieser Ereignis als Tat Gottes erkannt und weiter erzählt und nach einem langem Erzählt-haben, also nach einer langen mündlichen Tradition, wurde das Ereignis aufgeschrieben und so weitergegeben. Dabei ist zu beachten, dass es nicht nur eine mündliche Tradition gab, sondern dass verschiedene Gegenden in Palästina ihre Traditionen hatten, die später zusammengeführt wurden, so dass es vom gleichen Ereignis, etwa dem Durchzug durchs rote Meer zwei verschiedene Berichte gibt, die einander in gewissen Einzelheiten widersprechen.

Übertragen wir das nun auf die Entstehung der schriftlichen Berichte über die Ereignisse Christi und seiner Jüngerinnen und Jünger, dann lässt sich das Folgende sagen: Zuerst waren die Ereignisse, die im SichEreignen nicht aufgeschrieben wurden. Dann wurden diese Ereignisse zunächst von den Zeugen der Auferstehung, vorab von den Aposteln, weitererzählt. Mit der Zeit entstanden da und dort einzelne Notizen zu den Begebenheiten mit und um Jesus. Also: Zunächst war die Auferstehung Christi, dann die Verkündigung der Apostel, welche die Tatsache der Begegnungen mit dem Auferstandenen verkündigten, dann da und dort einzelne Notizen, gedacht vor allem für die Zusammenkunft der ersten Christen, also für die Feier der Eucharistie. Sie feierten diese Eucharistie, die sie einfach das Brechen des Brotes nannten, gemäss dem Auftrag Jesu im beim letzten Abendmahl, da er sagte: Tut dies zu meinem Gedächtnis.

Neues Testament als Gedächtnis

Erst etwa 30 Jahre nach Tod und Auferstehung Christi wurde dasMarkusevangelium als erstes der vier Evangelien aufgeschrieben. Die Apostel hatten bei ihrer Verkündigung noch kein Neues Testament vor sich. Ihr „Neues Testament" war ihr Gedächtnis und ihr Eingebettetsein in die jüdische Religion. Das heisst, sie hatten, wenn schon, die hebräische Heilige Schrift, also das, was wir heute das Alte Testament nennen. Zugleich ist zu sagen, dass ihr Gedächtnis ungleich mehr trainiert und zuverlässig war, als unsere modernen Gedächtnisse. Wir sind ja gewohnt, was wichtig erscheint, aufzuschreiben, uns Notizen zu machen oder füllen die Computerspeicher mit unseren Notizen, so dass wir das Gedächtnis nicht zu sehr strapazieren müssen, es aber andererseits auch nicht sehr trainieren.

Auf dem Weg nach Emmaus

Wenn wir uns nun fragen, wie denn die Apostel genau vorgingen, um die Botschaft Jesu Christi in die Welt hinaus zu tragen, dann gibt uns das Evangelium auch dazu die Auskunft. Im Lukasevangelium lesen wir: „Am gleichen Tag waren zwei von den Jüngern auf dem Weg in ein Dorf namens Emmaus, das sechzig Stadien von Jerusalem entfernt ist. Sie sprachen miteinander über all das, was sich ereignet hatte. Während sie redeten und ihre Gedanken austauschten, kam Jesus hinzu und ging mit ihnen. Doch sie waren wie mit Blindheit geschlagen, sodass sie ihn nicht erkannten. Er fragte sie: Was sind das für Dinge, über die ihr auf eurem Weg miteinander redet? Da blieben sie traurig stehen, und der eine von ihnen - er hieß Kleopas - antwortete ihm: Bist du so fremd in Jerusalem, dass du als einziger nicht weißt, was in diesen Tagen dort geschehen ist? Er fragte sie: Was denn? Sie antworteten ihm: Das mit Jesus aus Nazareth. Er war ein Prophet, mächtig in Wort und Tat vor Gott und dem ganzen Volk. Doch unsere Hohepriester und Führer haben ihn zum Tod verurteilen und ans Kreuz schlagen lassen. Wir aber hatten gehofft, dass er der sei, der Israel erlösen werde. Und dazu ist heute schon der dritte Tag, seitdem das alles geschehen ist. Aber nicht nur das: Auch einige Frauen aus unserem Kreis haben uns in große Aufregung versetzt. Sie waren in der Frühe beim Grab, fanden aber seinen Leichnam nicht. Als sie zurückkamen, erzählten sie, es seien ihnen Engel erschienen und hätten gesagt, er lebe. Einige von uns gingen dann zum Grab und fanden alles so, wie die Frauen gesagt hatten; ihn selbst aber sahen sie nicht. Da sagte er zu ihnen: Begreift ihr denn nicht? Wie schwer fällt es euch, alles zu glauben, was die Propheten gesagt haben. Musste nicht der Messias all das erleiden, um so in seine Herrlichkeit zu gelangen? Und er legte ihnen dar, ausgehend von Mose und allen Propheten, was in der gesamten Schrift über ihn geschrieben steht. So erreichten sie das Dorf, zu dem sie unterwegs waren. Jesus tat, als wolle er weitergehen, aber sie drängten ihn und sagten: Bleib doch bei uns; denn es wird bald Abend, der Tag hat sich schon geneigt. Da ging er mit hinein, um bei ihnen zu bleiben. Und als er mit ihnen bei Tisch war, nahm er das Brot, sprach den Lobpreis, brach das Brot und gab es ihnen. Da gingen ihnen die Augen auf und sie erkannten ihn; dann sahen sie ihn nicht mehr. Und sie sagten zueinander: Brannte uns nicht das Herz in der Brust, als er unterwegs mit uns redete und uns den Sinn der Schrift erschloss? Noch in derselben Stunde brachen sie auf und kehrten nach Jerusalem zurück und sie fanden die Elf und die anderen Jünger versammelt Diese sagten: Der Herr ist wirklich auferstanden und ist dem Simon erschienen. Da erzählten auch sie, was sie unterwegs erlebt und wie sie ihn erkannt hatten, als er das Brot brach".[124]

Vorgehensweise der Apostel

Diese Begebenheit zeigt deutlich, wie die Apostel ihre Botschaft in die Welt tragen konnten. Die hebräische Bibel war geradezu die Vorbereitung für das Kommen Christi. Entsprechend konnten die Apostel und alle späteren Verkündiger an diese Heilige Schrift anknüpfen und sie entsprechend der inneren Wahrheit auslegen. Und diese Heilige Schrift wurde dort gelesen und diskutiert, wo die jüdischen Glaubenden zum Studium der Schrift zusammenkamen. Das geschah vor allem in den Synagogengottesdiensten.

Die Apostelgeschichte erzählt Folgendes. Nachdem vor Damaskus Saulus auf eine Vision hin zum Paulus geworden war, sagte Hananias, ein Jünger Jesu in Damaskus, zu ihm: „Bruder Saul, der Herr hat mich gesandt, Jesus, der dir auf dem Weg hierher erschienen ist; du sollst wieder sehen und mit dem Heiligen Geist erfüllt werden. Sofort fiel es

[124] Lk 24,13-35

wie Schuppen von seinen Augen und er sah wieder; er stand auf und ließ sich taufen. Und nachdem er etwas gegessen hatte, kam er wieder zu Kräften. Einige Tage blieb er bei den Jüngern in Damaskus; und sogleich verkündete er Jesus in den Synagogen und sagte: Er ist der Sohn Gottes. Alle, die es hörten, gerieten in Aufregung und sagten: Ist das nicht der Mann, der in Jerusalem alle vernichten wollte, die diesen Namen anrufen? Und ist er nicht auch hierhergekommen, um sie zu fesseln und vor die Hohepriester zu führen? Saulus aber trat umso kraftvoller auf und brachte die Juden in Damaskus in Verwirrung, weil er ihnen bewies, dass Jesus der Messias ist".[125]

Das zeigt das Vorgehen der Apostel, Jünger und Jüngerinnen Christi: als Juden, die zum Glauben an Jesus Christus gekommen waren, wollten sie diesen Glauben auch den anderen Juden weitergeben, denn Christus ist ja nicht ein Religionsstifter in dem Sinne, dass er eine neue Religion gebracht hätte, sondern die Erfüllung des Volkes Israel. Der Gott Abrahams, Isaaks und Jakobs[126] ist sein Gott und Vater; und es gibt keinen anderen Gott. Es ist ja völlig falsch, zu meinen, der Gott des Alten Testamentes sei der unbarmherzige, harte Rachegott und Christus habe nun den Gott der Liebe gebracht. „Jahwe ist ein barmherziger und gnädiger Gott, langmütig, reich an Huld und Treue", so steht es bereits in Ex 34,6 geschrieben.

Die Synagogen in den Städten

Nun gab es jüdische Gemeinschaften zur Zeit der Apostel in vielen damals bekannten Städten, z.B. Alexandria in Ägypten, Antiochia in Kleinasien, Athen in Griechenland, dann Damaskus, Ephesus, Korinth, Rom u.a. In Rom, zum Beispiel, lebten von den Römern aus Jerusalem

---

[125] Apg 9,17-22

[126] Mt 22,31

deportierte jüdische Sklaven, die zum Teil auch wieder frei gelassen wurden. „Das Christentum“, schreibt Prof. Peter Lampe, Professor für Neutestamentliche Wissenschaft an der Theologischen Fakultät der Universität Heidelberg, „scheint in den vierziger Jahren in die Stadt eingedrungen zu sein durch Judenchristen, die sich an eine oder mehrere Synagogen der Stadt hielten ... Das stadtrömische Christentum bestand aus verschiedenen Hausgemeinden, die sich in Privatwohnungen trafen.“[127] In Rom gibt es also Christen schon zur Zeit der Apostel Petrus und Paulus.

Die Eucharistiefeier als Emmausweg

Bei der Begegnung der beiden Jünger auf dem Weg nach Emmaus fällt der Ablauf dieser Begegnung auf. Die beiden Jünger sind mit ihren Fragen und Sorgen beschäftigt unterwegs, sie sprechen von den Ereignissen, die mit der Kreuzigung Jesu im Zusammenhang stehen, plötzlich ist der Auferstandene unerkannt mit ihnen, er lässt sich deren Kümmernisse erklären, dann deutet er ihnen die Schrift, schliesslich bricht er mit ihnen das Brot. Dabei gingen ihnen die geistigen Augen auf und sie erkannten den Auferstandenen. Dann eilen sie zurück in die Gemeinschaft der Jüngerinnen und Jünger. Dieser Ablauf: auf dem Weg sein mit seinen Sorgen und Angelegenheiten, dann die Heilige Schrift und eine Auslegung dazu hören, schliesslich mit dem Herrn zu Tische sein, das entspricht genau dem Ablauf einer Eucharistiefeier: Eingang, Wortgottesdienst, Kommunion, Abschluss.

Ein kleines Detail dazu: der Auferstandene, Jesus Christus, ist nicht gegangen, sondern, wie das Evangelium sagt: Sie sahen ihn nicht mehr. Die geistigen Augen sind offenbar wieder zugefallen; doch es bleibt die Erinnerung. Eine andere Erinnerung war die, von der sie sagten:

---

[127] Neues Testament und antike Kultur, Neukirchen-Vluyn 2011, S. 168f

„Brannte uns nicht das Herz in der Brust, als er unterwegs mit uns redete und uns den Sinn der Schrift erschloss?“ Darin liegt das Geheimnis der Ausbreitung des Christentums: etwas brennt im Herzen, wenn einem die Schrift richtig ausgelegt wird.

Der Charakter der Gemeinschaft

Noch etwas anderes fällt hier ins Gewicht: Die beiden Jünger von Emmaus laufen nach der Erfahrung mit dem Auferstandenen schnellstens zu den andern Jünger zurück. Die Erfahrung mit dem Auferstandenen drängte sie in die Gemeinschaft. Das war genauso bei der Begegnung des Auferstandenen mit Maria von Magdala: „Maria stand draußen vor dem Grab und weinte. Während sie weinte, beugte sie sich in die Grabkammer hinein. Da sah sie zwei Engel in weißen Gewändern sitzen, den einen dort, wo der Kopf, den anderen dort, wo die Füße des Leichnams Jesu gelegen hatten. Die Engel sagten zu ihr: Frau, warum weinst du? Sie antwortete ihnen: Man hat meinen Herrn weggenommen und ich weiß nicht, wohin man ihn gelegt hat. Als sie das gesagt hatte, wandte sie sich um und sah Jesus dastehen, wusste aber nicht, dass es Jesus war. Jesus sagte zu ihr: Frau, warum weinst du? Wen suchst du? Sie meinte, es sei der Gärtner, und sagte zu ihm: Herr, wenn du ihn weggebracht hast, sag mir, wohin du ihn gelegt hast. Dann will ich ihn holen. Jesus sagte zu ihr: Maria! Da wandte sie sich ihm zu und sagte auf Hebräisch zu ihm: Rabbuni! das heißt: Meister.

Jesus sagte zu ihr: Halte mich nicht fest; denn ich bin noch nicht zum Vater hinaufgegangen. Geh aber zu meinen Brüdern und sag ihnen: Ich gehe hinauf zu meinem Vater und zu eurem Vater, zu meinem Gott und zu eurem Gott. Maria von Magdala ging zu den Jüngern und verkündete ihnen: Ich habe den Herrn gesehen. Und sie richtete aus, was er ihr gesagt hatte".[128] Ebenso beim Apostel Thomas. „Wenn ich nicht die Male der Nägel an seinen Händen sehe und wenn ich meinen Finger nicht in die Male der Nägel und meine Hand nicht in seine Seite lege, glaube ich nicht", sagte er.[129] Es wäre nun für den Auferstandenen ein leichtes gewesen, dem Apostel Thomas sozusagen in Privataudienz zu begegnen, damit er seine Hand in die Seitenwunde Christi hätte legen können. Aber der Auferstandene begegnete ihm erst acht Tage später als die Jünger wieder versammelt waren. Dem Auferstandenen ist es wichtig, dass seine Jüngerinnen und Jünger die Gemeinschaft pflegen.

Die Feier der Eucharistie als Wurzel der Kirche

Ein Zweites, das dem Auferstandenen am Herzen liegt, ist das gemeinsame Feiern der Brotbrechung, das heisst der Feier der Eucharistie. Das ist bei manchen Begegnungen mit dem auferstandenen Christus auffallend, dass er sich beim Mahlhalten erkennen lässt. Als er sich den Jüngern am See Genezareth offenbarte, da fragte er sie zunächst: „Meine Kinder, habt ihr nicht etwas zu essen?".[130] Sie müssen das verneinen. Sie haben nichts zu essen. Da sagt er ihnen wenig später: „Kommt her und esst!".[131] Das ist seine Einladung, welche von der Kirche durch die Jahrhunderte hindurch weitergegeben wird. Die Kirche entstand und entsteht aus diesen Feiern heraus.

Gerade aus diesen Zusammenkünften und für sie sind die Evangelien entstanden. Man hatte, damit sich die Begebenheiten mit Jesus und seinen ersten Jüngerinnen und Jünger auf die Dauer nicht verfälschten, bereits Geschriebenes gesammelt, geordnet, ergänzt. Freilich waren noch viele andere Schriften als nur die vier Evangelien im Umlauf, die

---

[128] Joh 20,11-18
[129] Joh 20,25
[130] Joh 21,5
[131] Joh 21,12

sogenannten Apokryphen. Diese wurden jedoch von der Kirche ausgeschieden, weil sie Aussagen enthielten, welche die Kirche nicht akzeptieren konnte. So etwa gewisse Kindheitsevangelien, so das Thomasevangelium, und andere, meist apokalyptische Schriften, d.h. Weltuntergangsszenarien.

Das Evangelium ist Gabe der Kirche

So lässt sich also sagen, dass die Kirche den Menschen das Evangelium gegeben hat und nicht umgekehrt das Evangelium die Kirche. Von daher lässt sich auch die Aussage des heiligen Augustinus nachvollziehen, die da sagt: „Ich würde selbst dem Evangelium keinen Glauben schenken, wenn mich nicht die Autorität der katholischen Kirche dazu bewegen würde".

Zur Treue in der Nachfolge Christi gehört eben darum immer auch die Treue zu seiner Kirche.

Die Apostel und unzählbare Nachfolger Christi haben diese Treue mit dem Leben bezahlt. Sie sind Märtyrer des Glaubens. Märtyrer sind Glaubenszeugen, und alle jene, die für ihren Glauben auch gegen manchen Widerstand Zeugnis geben, sind in diesem Sinne Märtyrer auch wenn sie nicht eines gewaltsamen Todes sterben.

Geführt. wohin man nicht will

Zu Petrus hatte der Auferstandene gesagt: „Amen, amen, das sage ich dir: Als du noch jung warst, hast du dich selbst gegürtet und konntest gehen, wohin du wolltest. Wenn du aber alt geworden bist, wirst du deine Hände ausstrecken und ein anderer wird dich gürten und dich führen, wohin du nicht willst. Das sagte Jesus, um anzudeuten, durch welchen Tod er Gott verherrlichen würde. Nach diesen Worten sagte er zu ihm: Folge mir nach!“[132]

Was so für Petrus gegolten hatte, gilt irgendwann für jede und jeden. Man wird geführt, wohin man nicht will. Diese Grundtatsache des Lebens wird nun in der Nachfolge Christi bewusst gewählt. Es gehört zur Nachfolge Christi zu wissen: Ich werde, wenn ich mich ganz Christus überlasse, geführt. Mein Leben wird ein geführtes Leben sein; aber es wird mich nicht unbedingt dahin führen, wo ich selber hin möchte.

Edith Stein

Ein Beispiel aus der jüngsten Vergangenheit mag das illustrieren. In der Einkleidungsfeier, vernahm die 42 jährige Edith Stein die Worte Christi an Petrus aus dem Johannesevangelium „Als du jung warst, gürtetest du dich selbst und wandeltest, wohin du wolltest. Wenn du aber alt wirst, wirst du deine Hände ausstrecken, und ein anderer wird dich gürten und führen, wohin du nicht willst“.

Mit der Einkleidung erhielt sie zugleich ihren Ordensnamen, den sie selber gewählt hatte, nämlich „Teresia Benedicta a Cruce“. Dazu schreibt sie später in einem Brief vom 9. Dezember 1938: „Ich muss Ihnen sagen, dass ich meinen Namen schon als Postulantin mit ins Haus brachte. Ich erhielt ihn genauso, wie ich ihn erbat. Unter dem Kreuz verstand ich das Schicksal des Volkes Gottes, das sich damals anzukündigen begann. Ich dachte, die es verstünden, dass es das Kreuz Christi sei, die müssten es im Namen aller auf sich nehmen“.

In den ersten Augusttagen des Jahres 1942 sollte sich dieses Evangelium an ihr in ungeahnt schlimmer Weise erfüllen. Am Sonntag,

---

[132] Joh 21,18

den 2. August, kurz nach 5 Uhr abends, wurden Rosa und Edith Stein von zwei deutschen Offizieren aus dem Kloster in Echt abgeführt. An einem gewissen Strasseneck wartet das Überfallauto, das schon mehrere Opfer geholt hatte. ... Dann ging's bis Amersfoort, wo zwei Stunden Aufenthalt war, ... dann weiter nach Drente ins Lager Westerbork, Baracke 36.[133]

In aller Morgenfrühe des 7. August wird [im Lager Westerbork] ein Transport, darunter alle katholischen Juden, in Marsch gesetzt, später in verriegelte Eisenbahnwaggons geladen und nach Auschwitz verbracht.

Edith Stein hatte schon früher, im Vortrag „Das Weihnachtsgeheimnis", geschrieben 1931 in Beuron, formuliert: „Mit dem Menschensohn durch Leiden und Tod zur Herrlichkeit der Auferstehung zu gelangen, ist der Weg für jeden von uns, für die ganze Menschheit".

XII. Die Hoffnung

Damit kommen wir nun zu einer nächsten Dimension der Nachfolge Christi, der Hoffnung.

Wenn wir als Christen über die Hoffnung, die sich nicht auf das Innerweltliche beschränkt, nachdenken, dann ergibt sich uns die Frage: Wie kommen wir überhaupt dazu, anzunehmen, dass es ein Leben nach dem Tode gibt und aus welchen Quellen können wir Antworten

---

[133] Anne Mohr, Elisabeth Prégardier, Passion im August (2.-9. August 1942). Edith Stein und Gefährtinnen: Weg in Tod und Auferstehung, Verlag Plöger 1995, S. 89

schöpfen? Natürlich füllen Antworten dazu ganze Bibliotheken, doch im Wesentlichen haben wir drei Quellen, die wir befragen können: Die Nahtoderfahrungen, die Philosophie und die Bibel.

Nahtoderfahrungen

In der Mitte des letzten Jahrhunderts hat die 1926 in Zürich geborene Ärztin und Psychiaterin Elisabeth Kübler-Ross mit der Sterbeforschung begonnen. Bereits 1953 veröffentlichte sie in der Evangelischen Verlagsanstalt, Berlin das überaus erfolgreiche Buch „Interviews mit Sterbenden". Darin definierte sie die heute anerkannten fünf Phasen des Sterbens (Verleugnen, Zorn, Verhandeln, Depression, Akzeptanz). An sich wären das ja auch Phasen der Hoffnung, doch uns interessiert hier etwas anderes, nämlich der Augenblick des Sterbens selber. Was geschieht im Sterben? Auch das hat sie und mit und nach ihr haben es andere untersucht.

So hat, zum Beispiel, der amerikanische Psychiater und Philosoph Raymond A. Moody unter anderen das Buch „Leben nach dem Tod: die Erforschung einer unerklärlichen Erfahrung, in der bereits 34. Auflage veröffentlicht.[134] Das zeigt das grosse Interesse, welches diesen Fragen begreiflicherweise und mit Recht entgegengebracht wird.

Von dem, was Menschen im Zustand der Todesnähe erlebt zu haben erzählen, will ich nur drei Momente aufgreifen: das Tunnelerlebnis, die Lichterfahrung und die widerwillige Rückkehr.

Es ist, als ginge man im Sterben durch einen Tunnel hindurch. Es wird also zunächst und für einen kleinen Augenblick dunkel, bis man am Ausgang auf der anderen Seite das Licht erblickt. In der Tat begegnet

---

[134] Rowohlt, Reinbek bei Hamburg 2002

man dann einem Lichtwesen, in dessen Licht man seine eigenes Leben überschaue, ohne jedoch gerichtet zu werden, sondern eher in einer Art Frage: Dein Leben hat sich gelohnt, nicht wahr? Das Licht spendet Trost und strahlt Wärme aus. Es wird als die grosse Liebe empfunden. Diese Begegnung muss derart beglückend sein, dass man sich gegen das Zurückkehren in die diesseitige Welt geradezu wehrt.

Es ist auch nur ein kleiner Ausschnitt aus den Nahtoderfahrungen. Raymond A. Moody gibt nicht weniger als 16 Stufen an.[135]

Tod als Geburt

Ohne das jetzt deuten zu wollen, sei noch auf eine interessante Beobachtung hingewiesen. Im Buch „Leben, Sterben, Leben. Fragen um Tod und Jenseits“,[136] schreibt der Kapuziner P. Walbert Bühlmann, dass der Körper im Augenblick des Sterbens Endorphine ausschütte.

Das Wort Endorphin ist eine Wortkreuzung aus „endogenes Morphin“ mit der Bedeutung eines vom Körper selbst produzierten Opioid. Dasselbe Endorphin, so berichtet Walbert Bühlmann weiter, schütte der Körper auch bei der Geburt aus. Ohne die Nahtoderlebnisse überinterpretieren zu wollen, lässt sich doch sagen, dass das Sterben einer Geburt entspricht. Wie man bei der Geburt das Licht dieser unserer endlichen Welt erblickt, erblickt man offenbar bei einer zweiten Geburt das Licht der grösseren Welt der Unendlichkeit.

Die Philosophie

Damit ist nun vorsichtig eine erste Quelle zur Frage des Lebens nach dem Tode benannt. Eine zweite Quelle ist das Nachdenken der Vernunft über die Gegebenheiten der Welt und des Menschen. Bei diesem

---

[135] siehe dazu: http://de.wikipedia.org/wiki/Raymond_Moody
[136] Styria, Graz 1985

Nachdenken knüpft die Philosophie an die Tatsache an, dass der Mensch nicht rein körperlich funktioniert, also keine Maschine ist. Man kommt nicht daran vorbei, anzuerkennen, dass es im Menschen ein geistiges Lebensprinzip gibt, das nicht körperlich ist und kraft dessen der Mensch Selbstbewusstsein und einen freien Willen hat. Wenn der Mensch zum Beispiel Durst hat, dann sucht er sich etwas zum Trinken. Aber das macht der Körper nicht von selbst, obwohl gerade er das Durstgefühl meldet. Der Mensch könnte sich selbst verdursten lassen, ohne dass der Körper aktiv etwas dagegen tut. Dieses geistige und selbstbewusste Lebensprinzip des Menschen nennt man seine Seele. Diese ist, weil geistig und einfach, unvergänglich.

Der Philosoph Plato schreibt in seinem Dialog der Verteidigung des Sokrates vor dem Gericht, das ihn zum Tode verurteilen wird: „Ist aber der Tod wiederum wie eine Auswanderung von hinnen an einen anderen Ort, und ist das wahr, was gesagt wird, dass dort alle Verstorbenen sind, was für ein grösseres Gut könnte es wohl geben als dieses, ihr Richter?“ Und in seiner letzten Stunde, unmittelbar bevor Sokrates den Giftbecher nahm, soll er zu seinem Freund Kriton, der offenbar auf seine Beerdigung angespielt hatte, gesagt haben: „Diesen Kriton, ihr Männer, überzeuge ich nicht, dass ich, der Sokrates bin, der jetzt mit euch redet … sondern er glaubt, ich sei jener, den er bald tot sehen wird“. So kann man es im Dialog Phaidon lesen. Sokrates gibt hier zu verstehen, dass der Körper, den sie beerdigen werden, nicht mehr Sokrates sei, weil sich Sokrates dann bereits an einem anderen Orte befinde.

Die Philosophie unterscheidet also zwischen Leib und Seele und wird dann sehr viel Scharfsinn aufwenden, um das Leib-Seele-Problem anzugehen. Der Tod ist dann die Trennung von Seele und Leib. Auf dieses Leib-Seele-Problem will ich hier nicht eingehen. Erstens ist das

Gebiet zu umfangreich und zweitens ist es für die Tatsache des Lebens nach dem Tode nicht so wichtig. Ich will lieber zur dritten Quelle, zum Wort Jesu Christi weitergehen.

Jesu Antwort

Dazu weiss uns das Matthäusevangelium von Menschen zu berichten, die nicht an die Auferstehung der Toten glaubten und Jesus in eine denkerische Falle locken wollten. Es waren die Sadduzäer, welche nicht an das Leben nach dem Tode glaubten und nun Jesus folgenden, konstruierten Fall vorlegten: Als der Mann einer Frau starb, heiratete sie dessen Bruder, als auch der starb, dessen anderen Bruder und das siebenmal hintereinander. Dann, so nun das Evangelium wörtlich: „Als letzte von allen starb die Frau. Wessen Frau wird sie nun bei der Auferstehung sein? Alle sieben haben sie doch zur Frau gehabt. Jesus antwortete ihnen: Ihr irrt euch; ihr kennt weder die Schrift noch die Macht Gottes. Denn nach der Auferstehung werden die Menschen nicht mehr heiraten, sondern sein wie die Engel im Himmel. Habt ihr im übrigen nicht gelesen, was Gott euch über die Auferstehung der Toten mit den Worten gesagt hat: Ich bin der Gott Abrahams, der Gott Isaaks und der Gott Jakobs? Er ist doch nicht der Gott der Toten, sondern der Gott der Lebenden“.[137]

Was die Sadduzäer offenbar nicht bemerkten, war die Tatsache, dass sie, indem sie Jesus lächerlich machen wollten, mit ihrer Frage sich selber lächerlich machten. Warum? Mit ihrer Frage tun sie so, als wäre das Leben nach dem Tode nichts anderes, als eine Verlängerung des irdischen Lebens ins Unendliche hinein. Diese Art von Leben nach dem

[137] Mt 22, 27-32

Tode gibt es freilich nicht. Das Sein wie die Engel hat eine tiefere und grössere Dimension als man hier und jetzt je erfahren könnte.

Wichtig ist an der Antwort Jesu dieses: wer das Leben nach dem Tode leugnet, kennt die Heilige Schrift nicht, und vor allem kennt er Gottes Macht nicht. Sollte Gott, der das Universum und darin die Menschen aus nichts erschaffen hat, am Tod eine Grenze haben? Wenn er will, kann er jeden Menschen aus dem Tode herausholen. Das müsste einsichtig sein für Menschen, die nicht denken, die Welt habe sich selbst erschaffen. Zu denken, die Welt habe sich selbst gemacht, wäre etwa so, als würde man vor einem, sagen wir Picasso-Gemälde stehen und behaupten, dieses Bild habe den Picasso erzeugt. Es bleibt dabei, Gott, der Schöpfer, kann, wenn er will, jeden Me[138]nschen aus dem Tod herausholen. Aber will er das?

Gott ist treu

Die Heilige Schrift sagt uns nun gerade dazu, dass er es will und gewiss auch tut, denn „Gott ist treu“, schreibt Paulus in seinen Briefen an die Gemeinde von Korinth.[147] Die Treue Gottes ist genauso unendlich und vollkommen wie Gott selber, darum macht sie auch vor der Todesgrenze nicht halt. „Herr, deine Güte reicht, so weit der Himmel ist, deine Treue, so weit die Wolken ziehn“, sagen die Psalmen.[139] Und der Prophet Ezechiel verkündet im babylonischen Exil seinem Volk: „Gott will nicht den Tod des Sünders, sondern dass er umkehrt und lebt“.[140]

Ein Zweites ist das Erinnern Gottes. Machen wir uns bewusst: Wenn Menschen sich erinnern, dann entsteht zwar auch eine Erinnerungswelt.

---

[138] Kor 1,9; 10,13; 2 Kor 1,18

[139] Ps 36,6; 57,11

[140] Ez 33,11

Diese hat aber nicht die gleiche Qualität wie das eigentlich wache Erleben sie hat. Das Erinnern ist gleichsam ein kleiner Abglanz des echten Erlebnisses, ähnlich einem Film, der ja auch nicht die ganze Realität hervorbringen kann. Immer bleiben die Menschen auf der Leinwand nur Abbilder von dem, was sie in der lebendigen Wirklichkeit sind. Das wirkliche Leben kann man nicht zurückdrehen und noch einmal beginnen. Sobald es vergangen ist, ist es nur noch in der Erinnerung zugänglich.

Gottes Erinnerung

Aber wie sieht das aus, wenn sich nicht der Mensch, sondern – menschlich gesprochen - Gott erinnert, wenn also jemand in der Erinnerung Gottes ist? Muss er dann nicht notwendigerweise lebendig wirklich sein, wenn er im Gedächtnis Gottes ist, dessen Wort die Welt erschaffen hat? Wie nun die Welt durch das Wort Gottes wurde, so wird der Mensch, dessen sich Gott erinnert, ebenso real und wirklich leben. So erwartet denn auch der Psalmbeter im Psalm 10,12 die Hilfe und Rettung vom Erinnern Gottes, wenn er betet: „Herr, steh auf, Gott, erheb deine Hand, vergiss die Gebeugten nicht!“ Darin also, dass Gott nicht vergisst, besteht die Erlösung des Menschen. Und könnte Gott sein Geschöpf, den Menschen vergessen? Im Buch des Propheten Jesaja finden wir Gottes Antwort: „Kann denn eine Frau ihr Kind vergessen“, heisst es dort, „eine Mutter ihren leiblichen Sohn? Und selbst wenn sie ihn vergessen würde: ich vergesse dich nicht“[141]. So spricht Gott. Und der Psalm 9 spricht die Gewissheit aus: „Der Arme ist nicht auf ewig vergessen, des Elenden Hoffnung ist nicht für immer verloren“.[142]

---

[141] Jes 49,15

[142] Ps 9,19

Lazarus ist gestorben

Von hier aus gehen wir nun in das Johannesevangelium, konkret zur Begebenheit mit dem verstorbenen Lazarus. Das war so: „Ein Mann war krank, Lazarus aus Betanien, dem Dorf, in dem Maria und ihre Schwester Marta wohnten. Maria ist die, die den Herrn mit Öl gesalbt und seine Füße mit ihrem Haar abgetrocknet hat; deren Bruder Lazarus war krank. Daher sandten die Schwestern Jesus die Nachricht: Herr, dein Freund ist krank. Als Jesus das hörte, sagte er: Diese Krankheit wird nicht zum Tod führen, sondern dient der Verherrlichung Gottes: Durch sie soll der Sohn Gottes verherrlicht werden. Denn Jesus liebte Marta, ihre Schwester und Lazarus. Als er hörte, dass Lazarus krank war, blieb er noch zwei Tage an dem Ort, wo er sich aufhielt. Danach sagte er zu den Jüngern: Lasst uns wieder nach Judäa gehen. Lazarus, unser Freund, schläft; aber ich gehe hin, um ihn aufzuwecken. Da sagten die Jünger zu ihm: Herr, wenn er schläft, dann wird er gesund werden. Jesus hatte aber von seinem Tod gesprochen, während sie meinten, er spreche von dem gewöhnlichen Schlaf. Darauf sagte ihnen Jesus unverhüllt: Lazarus ist gestorben. Und ich freue mich für euch, dass ich nicht dort war; denn ich will, dass ihr glaubt. Doch wir wollen zu ihm gehen“.[143]

Hier ergibt sich nun die Frage: Warum, um alles in der Welt, lässt denn Jesus den Lazarus überhaupt erst sterben, wenn er ihn doch auch heilen könnte? Oder allgemeiner: Warum lässt Gott die Menschen auch heute noch sterben? Ginge es nicht auch anders, sozusagen einfacher? Darauf gibt es allen Ernstes nur eine Antwort: Wegen der Auferstehung und dem ewigen Leben. Der Mensch erwacht im Sterben nicht ins Diesseits zurück, sondern ins Jenseits hinein. Was hier mit Lazarus geschah ist

[143] Joh 11,1-15

im Grunde genommen eine Vorschau darauf, was wenig später mit Jesus geschehen wird. Er wird sterben – und dann auferstehen.

Lazarus komm heraus!

Es geht weiter: „Als Jesus ankam, fand er Lazarus schon vier Tage im Grab liegen. Betanien war nahe bei Jerusalem, etwa fünfzehn Stadien entfernt. Viele Juden waren zu Marta und Maria gekommen, um sie wegen ihres Bruders zu trösten. Als Marta hörte, dass Jesus komme, ging sie ihm entgegen, Maria aber blieb im Haus. Marta sagte zu Jesus: Herr, wärst du hier gewesen, dann wäre mein Bruder nicht gestorben. Aber auch jetzt weiß ich: Alles, worum du Gott bittest, wird Gott dir geben. Jesus sagte zu ihr: Dein Bruder wird auferstehen. Marta sagte zu ihm: Ich weiß, dass er auferstehen wird bei der Auferstehung am Letzten Tag. Jesus erwiderte ihr: Ich bin die Auferstehung und das Leben. Wer an mich glaubt, wird leben, auch wenn er stirbt, und jeder, der lebt und an mich glaubt, wird auf ewig nicht sterben. Glaubst du das? Marta antwortete ihm: Ja, Herr, ich glaube, dass du der Messias bist, der Sohn Gottes, der in die Welt kommen soll. Nach diesen Worten ging sie weg, rief heimlich ihre Schwester Maria und sagte zu ihr: Der Meister ist da und lässt dich rufen. Als Maria das hörte, stand sie sofort auf und ging zu ihm. Denn Jesus war noch nicht in das Dorf gekommen; er war noch dort, wo ihn Marta getroffen hatte. Die Juden, die bei Maria im Haus waren und sie trösteten, sahen, dass sie plötzlich aufstand und hinausging. Da folgten sie ihr, weil sie meinten, sie gehe zum Grab, um dort zu weinen. Als Maria dorthin kam, wo Jesus war, und ihn sah, fiel sie ihm zu Füßen und sagte zu ihm: Herr, wärst du hier gewesen, dann wäre mein Bruder nicht gestorben. Als Jesus sah, wie sie weinte und wie auch die Juden weinten, die mit ihr gekommen waren, war er im Innersten erregt und erschüttert. Er sagte: Wo habt ihr ihn bestattet? Sie antworteten ihm: Herr, komm und sieh! Da weinte Jesus. Die Juden sagten: Seht, wie lieb er ihn hatte! Einige aber sagten: Wenn er dem Blinden die Augen geöffnet hat, hätte er dann nicht auch verhindern können, dass dieser hier starb? Da wurde Jesus wiederum innerlich erregt und er ging zum Grab. Es war eine Höhle, die mit einem Stein verschlossen war. Jesus sagte: Nehmt den Stein weg! Marta, die Schwester des Verstorbenen, entgegnete ihm: Herr, er riecht aber schon, denn es ist bereits der vierte Tag. Jesus sagte zu ihr: Habe ich dir nicht gesagt: Wenn du glaubst, wirst du die Herrlichkeit Gottes sehen? Da nahmen sie den Stein weg. Jesus aber erhob seine Augen und sprach: Vater, ich danke dir, dass du mich erhört hast. Ich wusste, dass du mich immer erhörst; aber wegen der Menge, die um mich herum steht, habe ich es gesagt; denn sie sollen glauben, dass du mich gesandt hast. Nachdem er dies gesagt hatte, rief er mit lauter Stimme: Lazarus, komm heraus! Da kam der Verstorbene heraus; seine Füße und Hände waren mit Binden umwickelt, und sein Gesicht war mit einem Schweißtuch verhüllt. Jesus sagte zu ihnen: Löst ihm die Binden und lasst ihn weggehen!“[144]

Todesangst

Wenn das Leben auf den Tod hin angelegt wäre, wenn das Sterben der Lauf alles Irdischen wäre, dann trüge man den Todfeind in sich und mit sich. Dann geht jeder schon mit seinem Tod in sich durchs Leben. Und dann trägt man auch eine Art Grundangst mit sich herum, die sich immer wieder etwa zeigt. Die Angst vor dem Tode geht dann gleichsam mit durchs Leben, und sie kann, im schlimmsten Falle, dieses Leben sehr stark belasten oder gar lähmen.

Nun sind wir in der Regel gute Verdränger. Wir haben die Gabe, was uns nicht passt, nicht wahrhaben zu wollen und es mit gutem Erfolg zu

[144] Joh 11,16-44

vergessen. Wenn aber das Verdrängen nicht mehr gelingt, dann reagieren wir auf den Tod mit der Verzagtheit des menschlichen Herzens, mit dem Schmerz darüber, dass ein Leben zu Ende geht und mit der Trauer ob dem Verlust eines lieben Menschen. Die Angst vor dem Sterben, und vor allem auch vor dem eigenen Sterben, ist auch für einen glaubenden Menschen etwas zutiefst Menschliches und Natürliches.

Nun kann man vom Glauben her freilich sagen, dass man gar nicht stirbt. Man entschläft vielleicht. Aber keiner von uns wird sterben. Das Leben wird gewandelt, nicht genommen. Das Ende ist nicht einfach das Ende, sondern die Vollendung. Das stimmt wohl. Doch wir wollen diesen denkerischen Sprungs ins Jenseits nicht allzu schnell machen.

Gott im Angesicht des Todes

Schauen wir zunächst einmal genauer auf die Begebenheit, von der das Evangelium spricht. Das Evangelium sagt uns: Lazarus, ein Freund von Jesus, ist gestorben. Nun lässt sich fragen: Was tut Jesus Christus, der Sohn Gottes, wenn ihm ein lieber Freund stirbt? - Und die Antwort ist überraschend: Er weint. Jesus wird im Innersten erregt; und vor dem Grabe des Lazarus weint er. Was mag das bedeuten. - Nun, sicher lässt sich zunächst einmal sagen, Gott, wie Jesus Christus ihn uns offenbart lässt sich zutiefst von Leiden und Tod des Menschen betreffen. Er ist kein a-pathischer Gott hoch oben im ewigen Blau des Himmels, sondern er ist ein sym-pathischer Gott, ein Gott, der auf die Erde kommt und sich dem Leiden, der Trauer, den Tränen, dem Unverständnis der Menschen aussetzt. Und das ist dann bereits ein erster Schritt in der Kunst zu sterben: zu wissen: auf meinem Weg, auch wenn er durchs Dunkel führt, geht Gott ganz gewiss mit.

Freilich lässt sich aber dann weiter fragen: Sind die Tränen Gottes die letzte Antwort auf das Leiden und Sterben der Menschen? Und wäre uns mit einem Gott geholfen, der nur mit uns unsere Tränen mitweint?

Die Trauer Jesu

Zu dieser Frage ist zunächst zu sagen: Das Weinen Jesu am Grab des Lazarus steht in einer seltsamen Spannung zum Verhalten, das Jesus sonst, an andern Orten, dem Sterben gegenüber an den Tag legt. Als, zum Beispiel, das Töchterchen des Synagogenvorstehers Jairus gestorben war und die Leute über ihren Tod weinten und klagten, da sagte Jesus: „Weint nicht. Sie ist nicht gestorben, sie schläft nur“. Und dann sagt er dem toten Mädchen: Steh auf und den Umstehenden: gebt ihr etwas zu essen. So einfach. [145] Oder wiederum aus dem Lukasevangelium: Als Jesus und seine Jünger in Nain einem Trauerzug begegneten, mit dem der einzige Sohn einer Witwe zu Grabe getragen werden sollte, da hatte er Mitleid mit der Frau und gab ihr den Sohn zurück. Auffallend hier: das Mitleid galt der Mutter des Verstorbenen und nicht diesem selbst. [146] Mir sagt das: Jesus hat ein seltsam souveränes Verhältnis dem Tod gegenüber. Und dann könnte man hier, gleichsam als zweiten Schritt in der ars moriendi, der ‚Kunst zu sterben‘, festhalten: Nicht alles am Sterben ist schlimm. Und nicht alles am Sterben ist Folge der Sünde.

Aber es fragt sich jetzt natürlich: Wie passt das mit den Tränen Jesu beim Tode des Lazarus zusammen? Warum weint Jesus hier? Hat sich nun plötzlich seine Einstellung zum Sterben geändert? Und wie passt das zusammen mit dem, was Jesus vorher noch Marta, der Schwester des Verstorbenen gesagt hatte, nämlich: „Dein Bruder wird

---

[145] Lk 8,52

[146] Lk 7,12

auferstehen.“ Und: „Ich bin die Auferstehung und das Leben“? Warum nun also die Tränen hier, am Grabe des Lazarus?

Einige der Anwesenden hatten dazu die einfühlsame Erklärung: Seht, wie lieb er ihn hatte. Nun, da der Tod einen Freund Jesu betroffen hat, sollte sich also seine souveräne Einstellung zum Tod geändert haben? Aber das ist wenig wahrscheinlich. Wenn wir genau weiterlesen, entdecken wir einen anderen, bemerkenswerten Zusammenhang. Einige sagten: Wenn er dem Blinden die Augen geöffnet hat, hätte er dann nicht verhindern können, dass dieser hier starb? Es liegt eine Art hilfloser Spott darin, ein Angriff auch auf die Glaubwürdigkeit Jesu. Und genau auf diese Aussage hin heisst es nochmals: Da wurde Jesus wiederum innerlich erregt. Warum? Wir werden ein Echo dieses Spottes wieder finden, nämlich unter dem Kreuz Jesu, da einige spotteten: Andern hat er geholfen, sich selbst kann er nicht helfen. Es ist etwas in diesem Spott, das Jesus erschüttert. Aber was genau?

Nun, es gibt in den Evangelien noch eine andere Stelle, die angibt, dass Jesus weinte. Als er beim feierlichen Einzug in Jerusalem mit den Seinen die Stadt Jerusalem sah, da weinte er über sie und sagte: Wenn doch auch du an diesem Tag erkannt hättest, was dir Frieden bringt.[147] In dieser Richtung, denke ich, sind die Tränen Jesu hier zu deuten. Es sind die Tränen angesichts des Unglaubens der Menschen. Schauen wir nämlich noch einmal auf den Text des Evangeliums, dann fällt schon bei einem flüchtigen Betrachten auf, wie oft und wie stark hier der Glaube betont wird. „Wer an mich glaubt, wird leben, auch wenn er stirbt“ sagt Jesus und fragt Marta – und mit ihr auch uns, jede und jeden persönlich: Glaubst du das?

---

[147] Mt 27,42

Die Tragik des Unglaubens

Es zeigt sich hier: Die Tragik des Sterbens ist die Tragik des Unglaubens. Und es ist hier nicht einfach ein Unglaube aus bösem Willen gemeint. All die tausend Fragen und Zweifel und Einwände und klugen Argumente, die gegen ein Leben nach dem Tode sprechen mögen, würden an uns abprallen, wenn sie nicht einen Anhaltspunkt in unserm eigenen Herzen hätten.

Und die Tränen Jesu am Grabe des Lazarus sind nicht Tränen des Vorwurfs. Ich meine, dass Jesus hier am eigenen Leibe erfährt und durchleidet, was die Tragik des Todes ausmacht: dieses Dunkle und Unheimliche des Nicht-Glauben-könnens des Menschen.

In der christlichen Tradition gibt oder gab es die sogenannte ars moriendi, eine Erbauungsliteratur zur Kunst zu Sterbens. Freilich, die Kunst zu Sterben, das tönt seltsam; und doch ist das, was uns hilft, sterben zu können, auch das, was uns hilft, zu leben.

Nach all dem kann man sagen: Die Ars moriendi würde bedeuten, sich den Glauben an Jesus Christus zu erbeten, sich darum zu bemühen, und aus diesem Glauben heraus nicht am Sterben kleben zu bleiben, sondern den Blick zu weiten auf das, was wirklich ist. Dass da im Sterben Jesus jedem und jeder Einzelnen zuruft: Komm heraus, und dass eben darum das Sterben nicht nur Abbruch, sondern Aufbruch und Durchbruch in die neue Dimension des Lebens bei Gott ist

„Wenn das Leben auf den Tod hin angelegt wäre, wenn das Sterben der Lauf alles Irdischen wäre, dann trüge man den Todfeind in sich und mit sich“, schrieb ich oben. – Nun können wir sagen: Das Leben ist aber nicht auf den Tod hin angelegt, sondern auf die Auferstehung und die Vollendung hin. Und darum tragen wir nicht den Todfeind in uns, nicht den Drachen des Verderbens; sondern wir tragen bereits in uns - den Engel der Auferstehung.

Printed by Books on Demand GmbH, Norderstedt / Germany